WIE MAN DEM STAAT IN DIE TASCHE LANGT

Wolfgang Fienhold

Wie man dem Staat in die Tasche langt

Tips

Tricks

Rechtsfragen

und Adressen

Eichborn Verlag

CIP-Titelaufnahme der Deutschen Bibliothek

Fienhold, Wolfgang:
Wie man dem Staat in die Tasche langt : Tips, Tricks,
Rechtsfragen und Adressen / Wolfgang Fienhold. – Frankfurt
(Main) : Eichborn, 1989
ISBN 3-8218-1241-9

 Umschlaggestaltung: Uwe Gruhle unter Verwendung einer Zeichnung von Oliver Sebel. Gesamtherstellung: Fuldaer Verlagsanstalt GmbH.
ISBN 3-8218-1241-9.
Verlagsverzeichnis schickt gern:
Eichborn Verlag, Sachsenhäuser Landwehrweg 293, D-6000 Frankfurt 70

Inhalt

Vorwort

In dem parallel erschienenen Buch »Wie man Beamte ärgert« haben wir uns locker und ironisch mit den Auswüchsen einer wildgewordenen Bürokratie beschäftigt, in diesem Band geht es nur ums Geld. Da hört der Spaß für die meisten Menschen bekanntlich auf. Wenn man an all die »Reformen« der Sozialgesetzgebung unter der Wendekoalition denkt, könnte einem in der Tat das Lachen vergehen: Einschnitte hier, Kürzungen dort, diverse »Anpassungen« und kostspielige Selbstbeteiligungen haben wohl jeden von uns auf die eine oder andere Weise getroffen, während sinnlose Prestigeprojekte wie die WAA in Wackersdorf, der Airbus oder der Jäger 90 mit Milliardenbeträgen subventioniert werden. In Bonn wird der große Kuchen verteilt, und für die Bürger bleiben nur die Krümel.

Doch gerade weil in den letzten Jahren so viel am sozialen Netz herumgeflickt wurde, war ein Ratgeber wie dieser längst überfällig. Noch immer gibt es – von der Wiege bis zur Bahre – tausende von Möglichkeiten, an staatliche Gelder heranzukommen, doch blickt mittlerweile kaum noch jemand durch. Anders als die meisten marktgängigen »Ratgeber«, die nur neue Verwirrung stiften, will dieses Buch eine Bresche durch den wildwuchernden §endschungel schlagen:

Vom »Babygeld« über »Kindstaufe« und »Vorgezogene Rente« bis zum »Sterbegeld« werden, nach Stichworten gegliedert, konkrete Tips gegeben, welche öffentlichen Leistungen es überhaupt gibt und was man tun muß, um in ihren Genuß zu kommen.

Anstatt seitenlange Erklärungen aus den jedermann zugänglichen Broschüren der jeweiligen Ämter wiederzukäuen, haben wir versucht, uns in die Lage des Lesers zu versetzen, der keine »Systeme« erklärt haben möchte, sondern konkrete Antworten auf konkrete Fragen erwartet.

Neben den bekannten Leistungen wie z.B. der Sozialhilfe, der Ausbildungsförderung oder dem Wohngeld werden eine ganze Reihe kurioser und brandneuer Geldquellen vorgestellt, von denen die zuständigen Beamten oft selbst noch nichts gehört haben und die es sich in jedem Fall anzuzapfen lohnt.

Damit im täglichen Kleinkrieg mit den Behörden nicht die Munition ausgeht, wird im Anhang ein Überblick über die Rechtsprechung der letzten Jahre gegeben, mit dem sich auch uneinsichtige Behörden auf Trab bringen lassen.

Ein Ratgeber wie dieser kann angesichts der großen Vielfalt sozialer Leistungen und angesichts ständiger Gesetzesnovellierungen niemals Anspruch auf Vollständigkeit erheben. Wir freuen uns daher über jeden Hinweis und werden Ihre Tips gerne in einer eventuellen Neuauflage berücksichtigen.

Anmerkung

Viele Urteile sind mit einem Aktenzeichen versehen. Der Interessierte kann sie gegen eine geringe Gebühr bei dem betreffenden Gericht anfordern. Dabei werden natürlich Namen unkenntlich gemacht, aber mehr als Kopierkosten und Porti fallen nicht an.
Ein bißchen umständlicher ist es, wenn nur Gericht und Jahreszahl genannt sind. Es dauert auch etwas länger, denn man muß sich an die Pressestelle des betreffenden Gerichts wenden.
Ohne Jahreszahl dauert es natürlich noch länger, falls die Leute von der Presse überhaupt fündig werden. Bei den Urteilen in diesem Buch ist das hoffentlich kein Problem, denn sie sind frisch.
Ein Anwalt, den wir fragten, würde für die Suche nach einem bestimmten Urteil 120 Mark pro Stunde berechnen. Als weitere Möglichkeit bliebe über eine Anwaltscomputerdatei, sämtliche wichtigen Urteile zu einem Themenkomplex abzurufen. Für Nicht-Hacker aber viel zu teuer. Also direkt beim Gericht oder über die Pressestellen, die es bei jedem Gericht gibt, Auskünfte anfordern.

Arbeitslos

Freund Hans kam vorbei und sah auf meinem Schreibtisch einen Stapel Bücher und Broschüren zu den Themen Arbeitslosigkeit und Sozialhilfe. »Aha, hier entsteht wohl der 2334. Ratgeber für Arbeitslose.«
»Nee, das Thema ist Geld vom Staat.«
»Dann mach bloß nicht den Fehler und schwafel seitenlang über Dinge, die eh schon alle wissen oder die in den Arbeitsamtsblättern stehen.«
Genau, in diesem Kapitel stehen also nur Neuregelungen und Sonderfälle, die sicher nicht allen bekannt sein werden. Und schon gehts los.

Beim Bund
Wer Wehr- oder Zivildienst leisten muß, kann vorher dafür sorgen, daß er nach Ende der Dienstzeit Arbeitslosengeld bekommt. Voraussetzung ist, daß er entweder unmittelbar vor der Einberufung als Arbeitnehmer beschäftigt oder aber als Arbeitsloser registriert war. Der Staat ist dann verpflichtet für die Dauer des Zivildienstes oder des Wehrdienstes Beiträge an das Arbeitsamt zu zahlen. Nach der Dienstzeit besteht dann aufgrund dieser Beitragszahlung sofort Anspruch auf Arbeitslosengeld für sechs bzw. acht Monate. Bei der Meldung als Arbeitsloser muß natürlich bestätigt werden, daß man beabsichtigt, nach der Dienstzeit als Arbeitnehmer tätig zu werden.

Bei Krankheit
Wer am ersten Tag der Arbeitslosigkeit krank ist, kann sich nicht arbeitslos melden. Er hat dann gegenüber der Krankenkasse einen Anspruch auf Krankengeld, und das fällt höher aus als das Arbeitslosengeld.

Azubis
Bei Auszubildenden, die nach der Ausbildung arbeitslos werden, legt man als Bemessungsgrundlage für das Arbeitslosengeld nur 50 % des aufgrund der Ausbildung erzielten Tariflohns zugrunde. Ein Jahr nach Beendigung der Ausbildung wird die Bemessungsgrundlage auf 75 % des erzielbaren Tariflohns erhöht. Das damit verbundene Arbeitslosen-

geld erhält man schneller, wenn man kurz vor Ablauf des Jahres beim Arbeitsamt einen formlosen Antrag stellt.
Den Azubi-Abzug kann man verhindern, wenn man unmittelbar nach Ausbildungsabschluß drei Monate (Bemessungszeitraum) beitragspflichtig arbeitet und vor der Arbeitslosmeldung für diese Zwischenbeschäftigung schon die Lohnabrechnung erteilt wurde. Innerhalb des Bemessungszeitraums darf kein Tag einer Ausbildungsbeschäftigung liegen!
Dauert die Aushilfstätigkeit weniger als drei Monate, findet eine Mischberechnung statt.

Unbillige Härte

Wenn der Lohn in den letzten drei Monaten vor der Arbeitslosmeldung erheblich unter dem sonst bezogenen lag, wäre es eine unbillige Härte, wenn er als Berechnungsgrundlage herangezogen würde. Hat man in den letzten drei Jahren vor der Arbeitslosigkeit dieselbe Tätigkeit ausgeübt, nimmt das Arbeitsamt eine unbillige Härte an, wenn der letzte Verdienst ein Viertel unter dem Durchschnitt der letzten drei Jahre lag. Diese Regelung gilt selbst dann, wenn der geringere Verdienst aufgrund einer kürzeren Arbeitszeit eingetreten ist. Wenn man in den letzten drei Jahren überwiegend eine andere als die letzte Tätigkeit ausgeübt hat, fällt schon ein Minderverdienst von zehn Prozent unter die Härteklausel.
Wichtig: AUF ANTRAG wird in diesem Fall von dem Verdienst ausgegangen, der aufgrund der Qualifikation tariflich oder ortsüblich erreichbar gewesen wäre.

Knast

Das Arbeitslosengeld wird auch dann nach dem potentiell erzielbaren Arbeitsentgelt berechnet, wenn der Arbeitslose als Gefangener beitragspflichtig beschäftigt war.

Arbeitsbeschaffungsmaßnahme (ABM), Fortbildung und Umschulung

Durch die Teilnahme an einer Arbeitsbeschaffungsmaßnahme, Fortbildung oder Umschulung entstehen dem Arbeitslosen keine finanziellen Nachteile.
Wenn jemand nach Beendigung einer ABM wieder arbeitslos ist, wird bei der Berechnung des Arbeitslosengeldes mindestens das Entgelt

zugrunde gelegt, nach dem das Arbeitslosengeld (-hilfe) während der Maßnahme bemessen wurde, bzw. das vor der ABM gezahlt wurde. Das vor der ABM erzielte Entgelt muß dabei jährlich angepaßt werden. War die Vergütung für die ABM höher, dann richtet sich das Arbeitslosengeld bzw. die Arbeitslosenhilfe, nach dieser höheren Summe.
Tritt nach der Fortbildung oder Umschulung wieder Arbeitslosigkeit ein, wird bei der Bemessung von dem Entgelt ausgegangen, nach dem bei Teilnahme an einer Maßnahme mit ganztägigem Unterricht das Unterhaltsgeld zuletzt bemessen worden ist oder zu bemessen gewesen wäre.

Freiwilliges soziales Jahr
Auch die Teilnahme an einem freiwilligen sozialen Jahr hat keine negativen Auswirkungen auf die Höhe des Arbeitslosengeldes bzw. der Arbeitslosenhilfe. Die Einstufung erfolgt nach dem Einkommen vor Beginn des sozialen Jahres.

Schlechter bezahlte Arbeit
Wer schon Arbeitslosengeld bezogen hatte und dann vorübergehend einer schlechter bezahlten Arbeit nachging, dessen Arbeitslosenunterstützung wird dann nach dem höheren Entgelt bemessen, solange durch die letzte Beschäftigung keine neue Anwartschaft begründet wurde. Doch in vielen Fällen kann man auch dann einen Antrag wegen unbilliger Härte stellen.

58er-Regelung
Arbeitslose, die das 58. Lebensjahr vollendet haben, erhalten das volle Arbeitslosengeld, wenn sie aus tatsächlichen oder rechtlichen Gründen (Pflege eines Verwandten etc.) nur noch Teilzeitarbeit annehmen können.

Einige Neuerungen seit 1988
»Als arbeitslos gilt ein Arbeitnehmer, wenn er vorübergehend keine Beschäftigung oder eine Beschäftigung von weniger als 18 Stunden wöchentlich ausübt.«

Bemessungszeitraum
»Der für die Bemessung der Leistung maßgebliche Bemessungszeitraum verlängert sich auf ein Jahr, wenn das Arbeitsentgelt im letzten Jahr außergewöhnlich gestiegen ist. Bei der Bemessung bleibt auch

Arbeitsentgelt, das wegen der Beendigung des Arbeitsverhältnisses gewährt worden ist, außer Betracht.«

Familienbetrieb
»Bei Arbeitslosen, die bei ihrem Ehepartner oder einem Verwandten in gerade Linie (Großeltern, Eltern, Kinder) beitragspflichtig beschäftigt waren, wird das Arbeitsentgelt berücksichtigt, das familienfremde Arbeitnehmer bei gleichartiger Beschäftigung gewöhnlich erhalten.«

Säumniszeit
»Wenn die Dauer einer Säumniszeit von zwei Wochen nach den für den Eintritt der Säumniszeit maßgebenden Tatsachen eine besondere Härte bedeuten würde, umfaßt die Säumniszeit künftig eine Woche. Eine ›verlängerte‹ Säumniszeit kommt nur in Betracht, wenn Sie einer weiteren Meldung innerhalb einer Säumniszeit von zwei Wochen nicht nachgekommen sind. Bei Vorliegen einer besonderen Härte umfaßt die verlängerte Säumniszeit in diesem Fall höchstens vier Wochen.«

Weiterführende Literatur
Die Zitate sind: dem »Merkblatt für Arbeitslose« des Frankfurter Arbeitsamtes und dem »Leitfaden für Arbeitslose« von der Fachhochschule Frankfurt, Limescorso 5, 6000 Frankfurt 50, entnommen. Dieser »Leitfaden« erscheint in ständig überarbeiteten Auflagen zum Preis von 11 Mark und ist das m.E. beste Buch zum Thema »Arbeitslosigkeit«.

AUS DER RECHTSPRECHUNG

Sperrfrist
Kündigt ein Arbeitnehmer sein Arbeitsverhältnis »ohne wichtigen Grund«, bekommt er Arbeitslosengeld erst nach zwölfwöchiger Sperrfrist. Ein solch wichtiger Grund liegt nicht vor, wenn der Arbeitnehmer seinen Arbeitsplatz einem älteren Kollegen, der sonst entlassen worden wäre, überlassen wollte (Bundessozialgericht 1987).

»Schrägstrichehe«
Leben Verlobte in einem eheähnlichen Verhältnis zusammen, so ist das

Arbeitsamt verpflichtet, das Einkommen des Verlobten auf den Arbeitslosenanspruch der Frau anzurechnen (Bundessozialgericht 1987).

Be-Werbung

Eine arbeitslose Mutter erzählte bei einem Vorstellungsgespräch, daß sie nicht zur Arbeit kommen könne, wenn die Nachbarin nicht auf ihr Kind aufpassen würde. Die Mutter wurde nicht eingestellt und das Arbeitsamt sperrte das Arbeitslosengeld. Zu recht, meinte das Bayerischen Landessozialgericht, denn Arbeitslose dürfen nicht ungefragt auf Tatsachen hinweisen, die den Arbeitgeber von der Einstellung abbringen können. Sonst wird das Arbeitslosengeld bis zu acht Wochen gesperrt.

Selbstbeteiligung

Auch Empfänger von Arbeitslosenhilfe müssen sich an den Krankenhauskosten mit 5 Mark täglich beteiligen. Es besteht keine Härtefallregelung.

Sozialhilfe

Auch hierfür gilt die Meinung von Hans: Sonderfälle, sprich relativ unbekannte »Geldbeschaffungsmaßnahmen« aufzuführen, statt jedermann leicht zugängliche Quellen zu zitieren.
Doch ein paar Worte vorweg:
Sozialhilfe gibt es:
– grundsätzlich für jeden, also auch für pleite gegangene Unternehmer und Selbständige,
– für Arbeitslose, die noch keine Anwartschaft auf Arbeitslosengeld haben,
– zur Aufstockung der Gelder vom Arbeitsamt,
– in Form von Beihilfen,
– als Überbrückungshilfe in besonderen Notlagen.
Keinen Anspruch hat, wer:
– nicht arbeit, obwohl er arbeiten könnte,
– genügend Einkommen bezieht oder ausreichend Hilfe von Verwandten, Versicherungen, vom Arbeitsamt oder anderen Stellen erhält,
– so vermögend ist, daß er von seinem Besitz leben kann.

Frage: auf wen greift das Sozialamt zurück, wenn ein Verwandter bedürftig ist?
Antwort: keine Unterhaltspflicht besteht zwischen Geschwistern und Verschwägerten. Auch Verwandte zweiten Grades (Enkel, Großeltern) werden in der Praxis verschont.
Nur Verwandte in gerader Linie (Eltern, Kinder) sind verpflichtet, einander Unterhalt zu zahlen, sofern sie »leistungsfähig« sind.

Der Sozialhilfebedarf errechnet sich aus den sog. Regelsätzen, den Mehrbedarfszuschlägen, den Unterkunftskosten, den Krankenversicherungsbeiträgen und den Kosten für die Alterssicherung.
Die Regelsätze differieren von Bundesland zu Bundesland geringfügig, liegen für Haushaltsvorstände und Alleinerziehende um die 500 Mark und erhöhen sich mit der Zahl der Haushaltsangehörigen. Gut, das ist alles in den aktuellen Tabellen nachzulesen, aber wie steht es mit diesen Dingen:

Kindstaufe
Die Taufe eines Kindes gehört zum Kernbereich des religiösen Lebens. Die meisten Sozialämter zahlen für die anschließende und allgemein übliche Feier eine Pauschbetrag von 100 Mark. Auch bei Hochzeiten, Konfirmationen, Kommunionen und Trauerfeierlichkeiten gibt es Zuschüsse, die sich allerdings von Gemeinde zu Gemeinde, von Stadt zu Stadt ein wenig unterscheiden. Geld gibt es allemal und genaue Auskünfte erteilt das zuständige Sozialamt.

Rentner
Doch fahren wir bei denen fort, die es oft am nötigsten haben, den älteren Leuten über 60 Jahren, denn für diese gilt ein »Mehrbedarf«, der 20% über den Regelsätzen liegt.
Dieses Zubrot soll altersbedingte Zusatzkosten abdecken, wie Grabpflege von Angehörigen, Stärkungsmittel, Naturheilmittel etc.

Erwerbsunfähige
Auch Erwerbsunfähige unter 60 Jahren erhalten 20 % mehr als den Regelsatz, und das ab dem Monat, in dem die Erwerbsunfähigkeit dem Sozialamt bekannt wird. Der Zuschlag gilt für die gleichen Dinge wie bei den älteren.

Schwangere
Einen ebenso hohen Mehrbedarf haben auch Schwangere ab dem sechsten Monat der Schwangerschaft. Da soll der Zuschlag für Ernährung, Kleidungsänderungen, Körperpflege etc. verwendet werden. Daneben haben Schwangere auch Anspruch auf »einmalige Hilfen«.

Tuberkulosekranke
Für an TBC-Erkrankte gibt es für die Dauer der Heilbehandlung ebenfalls 20 % mehr.

Alleinerzieher
Alleinerziehende erhalten 20 % mehr, wenn sie mit einem Kind unter sieben Jahren oder mit zwei oder drei Kindern unter 16 Jahren zusammenleben und allein für die Erziehung sorgen. Der Zuschlag erhöht sich auf 40 % bei vier und mehr Kindern unter 16 Jahren.

Behinderte
Behinderte (in Aus-, Schul- oder Fortbildung) erhalten einen Zuschlag von 40 %, wenn sie Eingliederungshilfe nach dem BSHG bekommen

und älter als 15 Jahre sind. Bei Behinderten in Werkstätten gibt es den Zuschlag bis zur Vollendung des 21. Lebensjahres.

Diätzuschläge

Kranke und Behinderte erhalten Zuschläge bei kostenaufwendiger Ernährung. Diese Zuschläge gibt es für Erkrankungen an Magen, Darm, Leber, Galle oder Bauchspeicheldrüse, bei Herz-, Kreislauf- und Nierenleiden, sowie bei starkem Übergewicht, Diabetes, Multipler Sklerose und Krebs.

Die Sätze sind von Bundesland zu Bundesland verschieden und richten sich auch nach der Schwere der Krankheit. Für die oben aufgeführten Leiden liegen sie zwischen 50 und 100 Mark pro Monat.

Aufwendungsbedarf

Bei Bedarf übernimmt das Sozialamt die Kosten für die Unterkunft (Miete), Heizkosten, Krankenversicherungsbeiträge, Kindergartengebühren, Aufwendungen für die Alterssicherung und das Sterbegeld sind eine Ermessensfrage.

Für die vorangestellten Zuwendungen gibt es Tabellen, die stets den geänderten Sätzen angepaßt werden. Zur Zeit kommt der durchschnittliche Sozialhilfeempfänger auf nicht einmal 500 Mark im Monat plus Miete. Deshalb ist es wichtig für ihn, die folgenden »einmaligen Hilfen« in Anspruch zu nehmen. Diese einmaligen Hilfen zum Lebensunterhalt gibt es nur auf Antrag, den man schriftlich stellen sollte, um auch eine schriftliche Antwort zu erhalten, gegen die man gegebenenfalls Widerspruch einlegen kann.

Bekleidungshilfe

Das ist der Anspruch auf eine vollständige Grundausstattung. Dieser Begriff ist im Gesetz nicht näher beschrieben, aber von Socken bis zum Wintermantel gibt es alles, und es darf nicht das Schäbigste sein. Zusätzliche Bekleidungshilfen gibt es dann noch zu besonderen Gelegenheiten, wie z.B. Hochzeit oder Konfirmation. Für die Grundausstattung von Neugeborenen wird auch oft eine Pauschale gezahlt.

Hausratshilfe

Zu jedem Haushalt gehört eine bestimmte Grundausstattung. Die Sozialämter haben in den Verwaltungsvorschriften festgelegt, was sie im einzelnen beinhaltet. Teure Reparaturen, wie an der Waschmaschine oder dem Kühlschrank müssen vom Sozialamt übernommen werden.

Umzug und Renovierung

Nach Neubezug einer Wohnung oder nach Erreichen der im Mietver-

trag festgesetzten Renovierungsfrist, übernimmt das Amt die Kosten für die Wohnungsverschönerung. Meist werden zwei Kostenvoranschläge verlangt.
Muß die Wohnung z.B. aufgrund eines Gerichtsurteils oder auf Verlangen des Amtes (da zu groß oder zu teuer für den Sozialhilfeempfänger) geräumt werden, übernimmt das Sozialamt die Umzugskosten. Auch hier werden zwei Kostenvoranschläge verlangt.
Wer seinen Umzug selbst durchführen will, hat einen Anspruch auf eine Ernährungs- und Getränkebedarfspauschale, da Arbeit ja bekanntlich Durst macht.

Heizkosten
Wer die Kohlen noch selbst aus dem Keller holt, für den gehört die Heizkostenhilfe ebenfalls zu den einmaligen Hilfen. Diese Hilfe liegt bei ca. 700 Mark pro Winter.

Hilfen für persönliche Bedürfnisse
wie z.B. Familienfeierlichkeiten (Kindergeburtstag, Taufe, Kommunion, Beschneidung etc.) sollen eine angemessene Ausrichtung der Feierlichkeiten ermöglichen.
Reisekosten zu Feierlichkeiten sind ebenso zu erstatten wie der Preis für ein kleines Geschenk. Auch die Kosten für eine Fahrt wegen schwerer Erkrankung eines Angehörigen müssen übernommen werden.
Weihnachtshilfen für den Kauf von Geschenken (unabhängig vom Glauben) liegen bei über 100 Mark für den Haushaltsvorstand und der Hälfte dieser Summe für jeden Angehörigen.

Körperpflege- und Reinigungsmittelhilfen
gibt es nur bei besonderen Anlässen wie der Reinigung von Winterkleidung oder Fußpflegekosten für Senioren.

»Babygeld«
Wer vor 1921 geboren ist, bekommt sein Babygeld zuzüglich zur Sozialhilfe. Nur die Babyrente für Mütter, die nach 1921 geboren sind, wird auf die Sozialhilfe angerechnet.

Besondere Hilfen
Unter dem Sammelbegriff »Besondere Hilfen« verbergen sich so unterschiedliche Posten wie

- Übernahme der Kosten von Hausrat- und Haftpflichtversicherung
- Spielzeug (aber nicht zu teuer)
- Einbau von Bad, Ölheizung etc.
- Übernahme von Tilgungsbeträgen für Baudarlehen
- Übernahme der Mietkaution
- Übernahme von Mietschulden

und vieles mehr. Auch hierzu gibt es im Anhang einige Urteile der Verwaltungsgericht, die Spezialfragen behandeln.

Hilfen in besonderen Lebenslagen
werden vom Gesetz her in drei Kategorien eingeteilt.

1) Hilfen zum Aufbau oder zur Sicherung einer selbständigen Existenz.
2) Hilfen zur Überwindung von körperlichen und psychischen Notlagen
3) Hilfen zur Überwindung von Sozialisationsdefiziten.

Zu 1)
Eine seltene Leistung, aber es ist schon vorgekommen, daß das Sozialamt die Einrichtung eines Kiosks oder einer Gaststätte übernommen hat, allerdings auf Darlehensbasis.

Zu 2)
Das Amt zahlt z.B. die Kosten eines Kuraufenthalts, d.h. die Differenz zwischen den Leistungen der Krankenkasse und den wirklichen Kosten. Das gilt auch für die Eigenbeteiligung an Arzneimitteln, (zahn-) ärztlichen Behandlungen und Krankenhausaufenthalten.
Weiterhin gibt es Hilfen für den legalen Schwangerschaftsabbruch, Sterilisation und Hilfen für besondere Notlagen wie z.B.
Erblindung, schwere Krankheiten, Eingliederungshilfe für Behinderte, Altenhilfe und etliches mehr.
Kein Ratgeber kann alle Spezialfragen aufführen und beantworten, deshalb hier ein Überblick, in welchem Bundesland es welche Beratungsmöglichkeiten gibt.

TABELLE 1: BERATUNGSANGEBOTE FÜR SOZIALHILFEEMPFÄNGER

	Beratung zu:	
	Arbeits- und Sozialrecht	**Sozialhilferecht**
Baden-Württemberg	**nein**	**nur,** wenn zuständiges Amtsgericht Beratungshilfe gewährt
Bayern	**ja,** am besten durch Fachanwalt für Arbeits- und Sozialrecht	**ja,** am besten durch Fachanwalt für Arbeits- und Sozialrecht
Berlin	**nein**	**nur,** wenn zuständiges Amtsgericht Beratungshilfe gewährt
Bremen	**ja,** durch Angestellten- bzw. Arbeiterkammer (aber nur für Kammerzugehörige)	**ja,** durch Angestellten- bzw. Arbeiterkammer (für alle unterhalb bestimmter Einkommensgrenzen)
Hamburg	**ja,** durch öffentliche Rechtsauskunft- und Vergleichsstelle	**ja,** durch öffentliche Rechtsauskunft- und Vergleichsstelle
Hessen	**nein**	**nur,** wenn zuständiges Amtsgericht Beratungshilfe gewährt
Niedersachsen	**ja,** am besten durch Fachanwalt für Arbeits- und Sozialrecht	**ja,** am besten durch Fachanwalt für Arbeits- und Sozialrecht
Nordrhein-Westfalen	**nein**	**nur,** wenn zuständiges Amtsgericht Beratungshilfe gewährt
Rheinland-Pfalz	**ja,** am besten durch Fachanwalt für Arbeits- und Sozialrecht	**ja,** am besten durch Fachanwalt für Arbeits- und Sozialrecht
Saarland	**ja,** durch Arbeitskammer oder durch Fachanwalt für Arbeits- und Sozialrecht	**ja,** am besten durch Fachanwalt für Arbeits- und Sozialrecht
Schleswig-Holstein	**nein**	**nur,** wenn zuständiges Amtsgericht Beratungshilfe gewährt

Achtung! Diese Beratungen können 20 Mark, aber auch mehr kosten; unbedingt vorher informieren.

Klassenfahrten

Das Verwaltungsgericht Oldenburg urteilte, daß Sozialhilfeempfänger die Kosten für eine Klassenfahrt (Fahrtkosten, Übernachtung, Rucksack oder Koffer) vom Sozialamt erstattet bekommen und führte aus: »Der notwendige Lebensunterhalt umfaßt nicht nur das für die menschliche Existenz unerläßliche Minimum.«

Wohnungsinspektion

»Zur Vermeidung einer mißbräuchlichen Inanspruchnahme der für Sozialhilfeleistungen zur Verfügung stehenden Mittel ist es einem Hilfesuchenden in der Regel zumutbar, zumindest einer einmaligen Inaugenscheinnahme seiner Wohnung durch einen Mitarbeiter des Sozialamtes zuzustimmen. Dies gilt vor allem dann, wenn die Wohnungsbesichtigung nach vorheriger Absprache mit dem Hilfesuchenden erfolgen soll.« (VGH Kassel)

PKW-Haltung

»Die PKW-Haltung durch einen Sozialhilfeempfänger von der laufenden Hilfe zum Lebensunterhalt ist wegen der mit dem Betrieb des Fahrzeugs verbundenen erheblichen finanziellen Anforderungen geeignet, die Hilfsbedürftigkeit in Zweifel zu ziehen. Es ist Sache des Hilfeempfängers, diese Zweifel durch konkrete und nachprüfbare Angaben über die mit der PKW-Haltung verbundenen laufenden Kosten sowie deren Deckung – gegebenenfalls aus vom Sozialhilfeträger anerkannten Mehrbedarfszuschlägen – auszuräumen.« (OVG Münster)

Über 52 Millionen Mark an Sozialhilfe werden jährlich an Deutsche im Ausland gezahlt. Wie sie das schafften, glaubt »Bild« zu wissen:

Gudrun C. kam vor 15 Jahren nach Amerika. Im vergangenen Jahr wurde sie magenkrank, meldete sich beim Deutschen Generalkonsulat und beantragte Sozialhilfe. Begründung: Sie hat ihren Hauptwohnsitz im Ausland, bekommt von ihrem amerikanischen Ex-Mann keinen Unterhalt, und sie ist arbeitslos. Das Konsulat prüfte zuerst ihre Anga-

ben in Florida nach, schickte den Antrag an das zuständige Sozialamt nach Deutschland. Die Sozialhilfe wurde genehmigt.
Gudrun, die nebenbei auch noch an der 17. Straße in Miami Rosen und Margeriten für vier Dollar pro Strauß verkauft, sagte zu BILD: »Mich kriegen hier keine zehn Pferde mehr weg. Sonne Sandstrand, Palmen, was will ich mehr? Zuerst weigerten sich die vom Konsulat, mir überhaupt einen Pfennig zu bezahlen. Aber das Recht ist auf meiner Seite.«
● Ein 25jähriger kam als Tourist nach Florida, verletzte sich bei zwei Unfällen, war nicht transportfähig. Er blieb in der Sonne, heiratete seine Freundin, die ein Kind erwartete. Nach der Geburt wurde ihm und seiner Familie Sozialhilfe gewährt: Monatlich 1250 Dollar (2350 Mark). Ein Beamter des Konsulats: »Davon kann man hier gut leben.« ● An der spanischen Sonnenküste Costa Blanca lebt seit 1978 ein Sozialhilfe-Empfänger (40): 494 Mark Sozialhilfe, 600 Mark Mietzuschuß, 120 Mark Essenszuschlag plus 180 Mark für eine Haushaltshilfe (zusammen 1394 Mark). Sein spanischer Arzt: »Er ist krank, braucht das milde Klima Spaniens.«
In der Antwort auf eine Anfrage des CDU-Bundestagsabgeordneten Michael von Schmude erklärte das Ministerium, warum auch Sozialhilfe im Ausland gezahlt wird: »Würde die Hilfe zum Lebensunterhalt nur in der Bundesrepublik gezahlt, würde im Ausland lebenden Deutschen im Falle der Hilfsbedürftigkeit die Ausweisung drohen. Auch wäre damit zu rechnen, daß nach der Rückkehr höhere Kosten für die Eingliederung anfallen würden.«

Bildzeitung April 1989

Wohngeld

Zum Jahreswechsel 1988/89 bekamen rund zwei Millionen Haushalte Wohngeld in einer Höhe von 3,7 Milliarden Mark.
Auch Wohngelder sind keine Almosen, auf sie besteht ein Rechtsanspruch. Wohngeld gibt es nicht nur für Mieter, sondern auch für Eigentümer. Es wird nur auf Antrag gewährt, den man bei den örtlichen Wohngeldstellen stellt.
Anspruch und Höhe hängen von drei Faktoren ab:
- der Anzahl der zum Haushalt gehörenden Familienmitglieder
- der Summe des Familieneinkommens
- der Höhe der Miete bzw. der Belastung.

Mietzuschuß gibt es für
- Mieter einer Wohnung oder eines Zimmers,
- Heimbewohner,
- Inhaber eines mietähnlichen Dauerwohnrechts,
- Eigentümer eines Mehrfamilienhauses (drei und mehr Wohnungen), eines Geschäftshauses oder eines Gewerbebetriebes, wenn sie in diesem Haus wohnen,
- Eigentümer eines Ein- oder Zweifamilienhauses, in dem sie wohnen, das aber auch Geschäftsräume in einem Umfang enthält, daß es nicht mehr als Eigenheim angesehen werden kann,
- Inhaber einer landwirtschaftlichen Vollerwerbsstelle, deren Wohnteil nicht vom Wirtschaftsteil getrennt ist.

Lastenzuschuß gibt es für Eigentümer
- eines Eigenheims oder einer Eigentumswohnung,
- einer Kleinsiedlung,
- einer landwirtschaftlichen Nebenerwerbsstelle,
- einer landwirtschaftlichen Vollerwerbsstelle, falls Wohn- und Wirtschaftsteil voneinander getrennt sind und für den Wohnteil eine Wohngeldlastenberechnung aufgestellt werden kann,
- Inhaber eines eigentumsähnlichen Dauerwohnrechts,
- Erbbauberechtigte und die, die Anspruch auf Übereignung des Gebäudes oder der Wohnung, bzw. auf Übertragung oder Einräumung des Erbbaurechts haben.

Voraussetzung ist, daß der Wohnrauminhaber den Wohnraum bewohnt und die Belastung dafür aufbringt.

Das Wohngeld errechnet sich aus dem Jahreseinkommen, wovon folgende Freibeträge absetzbar sind:

- Kinderfreibeträge für die zum Haushalt gehörenden Kinder in Höhe des gesetzlichen Kindergelds.
- Freibetrag für jedes Kind unter zwölf Jahren von 100 Mark monatlich für Alleinerziehende, die wegen einer Erwerbstätigkeit oder Ausbildung nicht nur kurzfristig vom Haushalt abwesend sind.
- Freibetrag von 100 Mark monatlich für jedes Kind mit eigenem Einkommen vom vollendeten 16. bis zum vollendeten 25. Lebensjahr.
- Freibetrag von 200 Mark monatlich für Familienmitglieder ab dem vollendeten 62. Lebensjahr.
- Werbungskosten von Löhnen und Gehältern (mindestens 47 Mark pauschal monatlich).
- Einnahmen aus Kapitalvermögen (mindestens 100 Mark im Jahr).
- Betriebsausgaben.
- Grundrenten der Beschädigten und Hinterbliebenen (nach dem Bundesversorgungsgesetz).
- Der halbe Betrag der Unterhaltshilfe (nach dem Lastenausgleichsgesetz).
- Bestimmte steuerfreie und nicht zur Deckung des Lebensunterhalts bestimmte Einnahmen wie z.B. Zuwendungen des Arbeitgebers zu besonderen Anlässen.
- Vom Arbeitgeber erbrachte vermögenswirksame Leistungen.
- Freibeträge für bestimmte Personengruppen wie Schwerbehinderte oder Aussiedler.
- Aufwendungen zur Erfüllung gesetzlicher Unterhaltsverpflichtungen.

Zur Berechnung Ihres Wohngeldanspruchs kürzen Sie zunächst Ihr Einkommen um alle Freibeträge, die in Frage kommen. Vom verbleibenden Betrag ziehen Sie einen Pauschbetrag von sechs Prozent ab.

Der Prozentsatz erhöht sich auf 12,5 % bei Familienmitgliedern, die Pflichtbeiträge zur gesetzlichen Krankenversicherung oder zur gesetzlichen Rentenversicherung oder Steuern vom Einkommen entrichten.
Er beträgt 20 % bei Familienmitgliedern, die Pflichtbeiträge zur gesetzlichen Krankenversicherung UND zur Rentenversicherung entrichten, oder Steuer vom Einkommen UND zusätzliche Pflichtbeiträge zur gesetzlichen Krankenversicherung oder Rentenversicherung leisten.
30 % können sich die abziehen, die Steuern vom Einkommen, sowie Pflichtbeiträge zur gesetzlichen Krankenversicherung und zur gesetzlichen Rentenversicherung zahlen.

Zur Miete gehören übrigens auch die Kosten
- für den Wasserverbrauch
- die Abwasser- und Müllbeseitigung
- die Treppenhaus- und Kellerbeleuchtung

Leider ist die Miete (bei Eigentumswohnungen – die Belastungen) nur bis zu bestimmten Höchstbeträgen zuschußfähig. Welche Sätze für Ihren Haushalt in Frage kommen, entnehmen Sie bitte der Tabelle, denn bei der Gewährung des Wohngeldes wird die Miete oder Belastung insoweit nicht berücksichtigt, als sie monatlich folgende Höchstbeträge übersteigt:

		für Wohnraum, der bezugsfertig geworden ist								
		bis zum 31. Dezember 1965			ab 1. Januar 1966 bis zum 31. Dezember 1971		ab 1. Januar 1972 bis zum 31. Dezember 1977		ab 1. Januar 1978	
Bei einem Haushalt mit	in Gemeinden mit Mieten der Stufe	ohne Sammelheizung und ohne Bad oder Duschraum	mit Sammelheizung oder mit Bad oder Duschraum	mit Sammelheizung und mit Bad oder Duschraum	sonstiger Wohnraum	Wohnraum mit Sammelheizung und mit Bad oder Duschraum	sonstiger Wohnraum	Wohnraum mit Sammelheizung und mit Bad oder Duschraum	sonstiger Wohnraum	Wohnraum mit Sammelheizung und mit Bad oder Duschraum
		Deutsche Mark								
einem Allein-stehenden	1	180	220	285	245	315	260	335	265	360
	2	190	235	305	265	340	275	355	285	380
	3	205	250	320	280	360	295	380	305	405
	4	220	265	340	295	380	310	400	320	430
	5	230	280	360	315	405	330	425	340	455
zwei Familien-mit-gliedern	1	235	285	365	320	410	330	430	345	460
	2	250	305	390	340	435	355	460	370	495
	3	265	325	415	360	465	380	490	390	525
	4	280	345	440	385	490	400	520	415	555
	5	295	365	465	405	520	425	550	440	590
drei Familien-mit-gliedern	1	280	340	435	380	490	395	515	410	550
	2	295	365	465	405	520	425	550	440	590
	3	315	390	495	430	555	450	585	470	625
	4	335	410	525	455	585	480	620	495	665
	5	355	435	555	485	620	505	655	525	700
vier Familien-mit-gliedern	1	325	395	510	440	565	460	600	480	640
	2	345	425	545	470	605	495	640	510	685
	3	365	450	575	500	645	525	680	545	730
	4	390	480	610	530	685	555	720	575	775
	5	410	505	645	560	720	590	760	610	815
fünf Familien-mit-gliedern	1	370	455	580	500	645	525	680	545	730
	2	395	485	620	535	690	565	730	585	780
	3	420	515	660	570	735	600	775	620	830
	4	445	545	695	605	780	635	820	655	880
	5	470	575	735	640	820	670	865	695	930
Mehrbetrag für jedes weitere Familien-mitglied	1	45	55	70	60	80	65	85	65	90
	2	50	60	75	65	85	70	90	75	95
	3	50	65	80	70	90	75	95	75	100
	4	55	65	85	75	95	80	100	80	110
	5	55	70	90	80	100	80	105	85	115

Presse- und Informationsamt der Bundesregierung

Wenn Sie die zum Haushalt rechnenden Familienmitglieder, die Höhe des Familieneinkommens und die Höhe der zuschußfähigen Miete bzw. Belastung ausgerechnet haben, können Sie die Höhe des Wohngeldes in der folgenden Tabelle ablesen. Sie gilt für eine vierköpfige Familie. Leider können wir aus Platzmangel nicht die Tabellen für sämtliche Familiengrößen abdrucken, doch die für Sie passende Tabelle ist mit Sicherheit in der Broschüre »Wohngeld«. Sie können sie anfordern bei:

Presse- und Informationsamt der
Bundesregierung
5300 Bonn 1

4. Wohngeld für vier Familienmitglieder

Bei einem Haushalt mit vier Familienmitgliedern beträgt das Wohngeld monatlich

bei einem monatlichen Familieneinkommen (§ 9 Abs. 2) von mehr als – bis	bei einer zu berücksichtigenden Miete oder																			
	50 bis 60	60 bis 70	70 bis 80	80 bis 90	90 bis 100	100 bis 120	120 bis 140	140 bis 160	160 bis 180	180 bis 200	200 bis 220	220 bis 240	240 bis 260	260 bis 280	280 bis 300	300 bis 320	320 bis 340	340 bis 360	360 bis 380	380 bis 400
	1	2	3	4	5	6	7	8	9	10	11	12	13	14	15	16	17	18	19	20
	Deutsche Mark																			
0— 460	27	36	44	53	62	75	92	109	127	144	162	180	198	215	233	251	269	286	304	322
460— 480	25	34	42	51	60	72	90	107	124	142	159	177	195	212	230	248	265	283	301	318
480— 500	23	32	40	49	57	70	87	104	121	139	157	174	192	209	227	244	262	280	297	315
500— 520	22	30	38	47	55	68	85	102	119	136	154	171	189	206	224	241	259	276	293	311
520— 540	20	28	36	45	53	66	82	99	116	133	151	168	186	203	220	238	255	272	290	307
540— 560		26	34	42	51	63	80	96	113	131	148	165	182	200	217	234	252	269	286	303
560— 580		24	32	40	48	61	77	94	111	128	145	162	179	196	214	231	248	265	282	299
580— 600		21	30	38	46	58	75	91	108	125	142	159	176	193	210	227	244	261	278	295
600— 620			27	35	43	56	72	88	105	122	139	156	173	190	207	224	241	258	275	291
620— 640			25	33	41	53	69	85	102	119	136	152	169	186	203	220	237	254	271	287
640— 660			22	30	38	50	66	82	99	116	132	149	166	183	199	216	233	250	267	283
660— 680			20	28	36	48	64	79	96	112	129	146	162	179	196	212	229	246	263	279
680— 700				26	34	46	61	77	93	110	126	143	160	176	193	209	226	242	259	276
700— 720				24	32	44	59	75	91	108	124	140	157	173	190	206	223	239	256	272
720— 740				22	30	42	57	73	89	105	122	138	154	171	187	203	220	236	253	269
740— 760				21	28	40	55	71	87	103	119	135	152	168	184	201	217	233	249	266
760— 780					27	38	53	69	84	101	117	133	149	165	181	198	214	230	246	262
780— 800					25	36	51	67	82	98	114	130	146	163	179	195	211	227	243	259
800— 820					23	34	49	64	80	96	112	128	144	160	176	192	208	224	240	256
820— 840					21	33	47	62	78	94	109	125	141	157	173	189	205	221	237	252
840— 860					20	31	45	60	75	91	107	123	139	154	170	186	202	218	233	249
860— 880						29	43	58	73	89	105	120	136	152	167	183	199	214	230	246
880— 900						27	41	56	71	87	102	118	133	149	165	180	196	211	227	242
900— 920						25	39	54	69	84	100	115	131	146	162	177	193	208	224	239
920— 940						23	37	52	67	82	97	113	128	143	159	174	190	205	220	236
940— 960						21	35	50	64	80	95	110	125	141	156	171	187	202	217	232
960— 980							33	47	62	77	92	108	123	138	153	168	184	199	214	229
980—1000							31	45	60	75	90	105	120	135	150	165	181	196	211	226
1000—1020							29	43	58	73	88	103	118	133	148	163	178	193	208	223
1020—1040							27	41	55	70	85	100	115	130	145	160	175	189	204	219
1040—1060							25	39	53	68	83	98	112	127	142	157	171	186	201	216
1060—1080							23	37	51	66	80	95	110	124	139	154	168	183	198	213
1080—1100							21	35	49	63	78	92	107	122	136	151	165	180	195	209
1100—1120								33	46	61	75	90	104	119	133	148	162	177	191	206
1120—1140								30	44	59	73	87	102	116	131	145	159	174	188	203
1140—1160								28	42	56	70	85	99	113	128	142	156	171	185	199
1160—1180								26	40	54	68	82	96	111	125	139	153	168	182	196
1180—1200								24	37	51	66	80	94	108	122	136	150	164	178	193
1200—1220								22	35	49	63	77	91	105	119	133	147	161	175	189
1220—1240								20	33	47	61	75	89	102	116	130	144	158	172	186
1240—1260									31	44	58	72	86	100	113	127	141	155	169	183
1260—1280									28	42	56	69	83	97	111	124	138	152	166	179
1280—1300									26	40	53	67	81	94	108	121	135	149	162	176
1300—1320									24	37	51	64	78	91	105	118	132	146	159	173
1320—1340									22	35	48	62	75	89	102	116	129	142	156	169
1340—1360										33	46	59	73	86	99	113	126	139	153	166
1360—1380										30	43	57	70	83	96	110	123	136	149	163
1380—1400										28	41	54	67	80	94	107	120	133	146	159
1400—1420										26	39	52	65	78	91	104	117	130	143	156
1420—1440										23	36	49	62	75	88	101	114	127	140	152
1440—1460										21	34	46	59	72	85	98	111	123	136	149
1460—1480											31	44	57	69	82	95	108	120	133	146
1480—1500											29	41	54	67	79	92	105	117	130	142

Belastung (§ 7) von monatlich mehr als ... Deutsche Mark																				
400 bis 420	420 bis 440	440 bis 460	460 bis 480	480 bis 500	500 bis 520	520 bis 540	540 bis 560	560 bis 580	580 bis 600	600 bis 620	620 bis 640	640 bis 660	660 bis 680	680 bis 700	700 bis 720	720 bis 740	740 bis 760	760 bis 780	780 bis 800	800 bis 820
21	22	23	24	25	26	27	28	29	30	31	32	33	34	35	36	37	38	39	40	41
Deutsche Mark																				
340	358	375	393	411	429	446	464	482	500	517	535	553	571	589	606	624	642	660	677	695
336	354	371	389	407	424	442	460	477	495	513	530	548	566	583	601	619	636	654	672	689
332	350	367	385	403	420	438	455	473	490	508	526	543	561	578	596	613	631	649	666	684
328	346	363	381	398	416	433	451	468	486	503	521	538	556	573	591	608	625	643	660	678
325	342	359	377	394	411	429	446	464	481	498	516	533	550	568	585	602	620	637	655	672
321	338	355	372	390	407	424	442	459	476	493	511	528	545	562	580	597	614	632	649	666
317	334	351	368	385	402	420	437	454	471	488	506	523	540	557	574	591	609	626	643	660
313	330	347	364	381	398	415	432	449	466	483	500	517	535	552	569	586	603	620	637	654
308	325	342	359	376	393	410	427	444	461	478	495	512	529	546	563	580	597	614	631	648
304	321	338	355	372	389	406	422	439	456	473	490	507	524	541	557	574	591	608	625	642
300	317	334	350	367	384	401	418	434	451	468	485	501	518	535	552	569	585	602	619	636
296	313	329	346	363	379	396	413	429	446	463	479	496	513	529	546	563	579	596	613	629
292	309	325	342	359	375	392	408	425	441	458	475	491	508	524	541	557	574	591	607	624
289	305	322	338	355	371	388	404	421	437	454	470	487	503	520	536	552	569	585	602	618
285	302	318	335	351	367	384	400	416	433	449	466	482	498	515	531	547	564	580	597	613
282	298	315	331	347	363	380	396	412	428	445	461	477	494	510	526	542	559	575	591	608
279	295	311	327	343	359	376	392	408	424	440	457	473	489	505	521	537	554	570	586	602
275	291	307	323	339	356	372	388	404	420	436	452	468	484	500	516	532	549	565	581	597
272	288	304	320	336	352	368	384	400	416	432	448	464	479	495	511	527	543	559	575	591
268	284	300	316	332	348	364	379	395	411	427	443	459	475	491	507	522	538	554	570	586
265	281	296	312	328	344	360	375	391	407	423	439	454	470	486	502	517	533	549	565	581
261	277	293	309	324	340	356	371	387	403	418	434	450	465	481	497	512	528	544	559	575
258	274	289	305	320	336	352	367	383	398	414	429	445	461	476	492	507	523	539	554	570
255	270	286	301	317	332	348	363	379	394	409	425	440	456	471	487	502	518	533	549	564
251	267	282	297	313	328	344	359	374	390	405	420	436	451	467	482	497	513	528	544	559
248	263	278	294	309	324	340	355	370	385	401	416	431	447	462	477	492	508	523	538	554
244	260	275	290	305	320	335	351	366	381	396	411	427	442	457	472	487	503	518	533	548
241	256	271	286	301	316	331	347	362	377	392	407	422	437	452	467	482	497	513	528	543
237	252	267	282	297	312	327	342	357	372	387	402	417	432	447	462	477	492	507	522	537
234	249	264	279	294	309	323	338	353	368	383	398	413	428	443	457	472	487	502	517	532
231	245	260	275	290	305	319	334	349	364	379	393	408	423	438	453	467	482	497	512	527
227	242	257	271	286	301	315	330	345	359	374	389	404	418	433	448	462	477	492	506	521
224	238	253	268	282	297	311	326	341	355	370	384	399	414	428	443	457	472	487	501	516
220	235	249	264	278	293	307	322	336	351	365	380	394	409	423	438	452	467	481	496	510
217	231	246	260	275	289	303	318	332	347	361	375	390	404	419	433	447	462	476	491	505
214	228	242	256	271	285	300	314	328	342	357	371	385	399	414	428	442	457	471	485	500
210	224	239	253	267	281	295	310	324	338	352	366	381	395	409	423	437	451	466	480	494
207	221	235	249	263	277	291	305	319	334	348	362	376	390	404	418	432	446	460	475	489
203	217	231	245	259	273	287	301	315	329	343	357	371	385	399	413	427	441	455	469	483
200	214	228	242	255	269	283	297	311	325	339	353	367	381	394	408	422	436	450	464	478
196	210	224	238	252	265	279	293	307	321	334	348	362	376	390	403	417	431	445	459	472
193	207	220	234	248	262	275	289	303	316	330	344	357	371	385	399	412	426	440	453	467
190	203	217	230	244	258	271	285	298	312	326	339	353	366	380	394	407	421	434	448	462
186	200	213	227	240	254	267	281	294	308	321	335	348	362	375	389	402	416	429	443	456
183	196	209	223	236	250	263	277	290	303	317	330	344	357	370	384	397	411	424	437	451
179	193	206	219	232	246	259	272	286	299	312	326	339	352	366	379	392	405	419	432	445
176	189	202	215	229	242	255	268	282	295	308	321	334	348	361	374	387	400	414	427	440
172	185	199	212	225	238	251	264	277	290	304	317	330	343	356	369	382	395	408	421	435
169	182	195	208	221	234	247	260	273	286	299	312	325	338	351	364	377	390	403	416	429
165	178	191	204	217	230	243	256	269	282	295	308	320	333	346	359	372	385	398	411	424
162	175	188	200	213	226	239	252	265	277	290	303	316	329	341	354	367	380	393	406	418
159	171	184	197	209	222	235	248	260	273	286	299	311	324	337	349	362	375	388	400	413
155	168	180	193	206	218	231	243	256	269	281	294	307	319	332	344	357	370	382	395	408

Fortsetzung Wohngeld für vier Familienmitglieder

bei einem monatlichen Familien-einkommen (§ 9 Abs. 2) von mehr als – bis	bei einer zu berücksichtigenden Miete oder																			
	50 bis 60	60 bis 70	70 bis 80	80 bis 90	90 bis 100	100 bis 120	120 bis 140	140 bis 160	160 bis 180	180 bis 200	200 bis 220	220 bis 240	240 bis 260	260 bis 280	280 bis 300	300 bis 320	320 bis 340	340 bis 360	360 bis 380	380 bis 400
	1	2	3	4	5	6	7	8	9	10	11	12	13	14	15	16	17	18	19	20
	Deutsche Mark																			
1500—1520											26	39	51	64	76	89	101	114	127	139
1520—1540											24	36	49	61	74	86	98	111	123	136
1540—1560											21	34	46	58	71	83	95	108	120	132
1560—1580												31	43	56	68	80	92	105	117	129
1580—1600												29	41	53	65	77	89	101	114	126
1600—1620												26	38	50	62	74	86	98	110	122
1620—1640												23	35	47	59	71	83	95	107	119
1640—1660												21	33	45	56	68	80	92	104	116
1660—1680													30	42	54	65	77	89	100	112
1680—1700													27	39	51	62	74	86	97	109
1700—1720													25	36	48	59	71	82	94	106
1720—1740													22	33	45	56	68	79	91	102
1740—1760														31	42	53	65	76	87	99
1760—1780														28	39	50	62	73	84	95
1780—1800														25	36	47	59	70	81	92
1800—1820														22	33	45	56	67	78	89
1820—1840															31	42	52	63	74	85
1840—1860															28	39	49	60	71	82
1860—1880															25	36	46	57	68	79
1880—1900																33	43	54	65	75
1900—1920																30	40	51	61	72
1920—1940																27	37	48	58	69
1940—1960																24	34	44	55	65
1960—1980																	31	41	52	62
1980—2000																	28	38	48	58
2000—2020																	25	35	45	55
2020—2040																		32	42	52
2040—2060																		29	38	48
2060—2080																		25	35	45
2080—2100																			32	42
2100—2120																			29	38
2120—2140																				35
2140—2160																				31
2160—2180																				28
2180—2200																				
2200—2220																				
2220—2240																				
2240—2260																				
2260—2280																				
2280—2300																				
2300—2320																				
2320—2340																				
2340—2360																				
2360—2380																				
2380—2400																				
2400—2420																				
2420—2440																				
2440—2460																				
2460—2480																				
2480—2500																				
2500—2520																				
2520—2540																				
2540—2560																				
2560—2580																				
2580—2600																				

Belastung (§ 7) von monatlich mehr als ... Deutsche Mark

400 bis 420	420 bis 440	440 bis 460	460 bis 480	480 bis 500	500 bis 520	520 bis 540	540 bis 560	560 bis 580	580 bis 600	600 bis 620	620 bis 640	640 bis 660	660 bis 680	680 bis 700	700 bis 720	720 bis 740	740 bis 760	760 bis 780	780 bis 800	800 bis 820
21	22	23	24	25	26	27	28	29	30	31	32	33	34	35	36	37	38	39	40	41
Deutsche Mark																				
152	164	177	189	202	214	227	239	252	264	277	289	302	315	327	340	352	365	377	390	402
148	161	173	185	198	210	223	235	248	260	272	285	297	310	322	335	347	359	372	384	397
145	157	169	182	194	206	219	231	243	256	268	280	293	305	317	330	342	354	367	379	391
141	153	166	178	190	202	215	227	239	251	264	276	288	300	313	325	337	349	361	374	386
138	150	162	174	186	198	211	223	235	247	259	271	283	296	308	320	332	344	356	368	380
134	146	158	170	182	195	207	219	231	243	255	267	279	291	303	315	327	339	351	363	375
131	143	155	167	179	191	203	214	226	238	250	262	274	286	298	310	322	334	346	358	370
127	139	151	163	175	187	198	210	222	234	246	258	270	281	293	305	317	329	341	352	364
124	136	147	159	171	183	194	206	218	230	241	253	265	277	288	300	312	324	335	347	359
121	132	144	155	167	179	190	202	214	225	237	249	260	272	284	295	307	318	330	342	353
117	129	140	152	163	175	186	198	209	221	232	244	256	267	279	290	302	313	325	336	348
114	125	136	148	159	171	182	194	205	217	228	239	251	262	274	285	297	308	320	331	342
110	121	133	144	156	167	178	190	201	212	224	235	246	258	269	280	292	303	314	326	337
107	118	129	140	152	163	174	185	197	208	219	230	242	253	264	275	287	298	309	320	332
103	114	126	137	148	159	170	181	192	204	215	226	237	248	259	270	282	293	304	315	326
100	111	122	133	144	155	166	177	188	199	210	221	232	243	254	265	277	288	299	310	321
96	107	118	129	140	151	162	173	184	195	206	217	228	239	250	261	271	282	293	304	315
93	104	115	125	136	147	158	169	180	190	201	212	223	234	245	256	266	277	288	299	310
89	100	111	122	132	143	154	165	175	186	197	208	218	229	240	251	261	272	283	294	304
86	97	107	118	129	139	150	160	171	182	192	203	214	224	235	246	256	267	278	288	299
82	93	104	114	125	135	146	156	167	177	188	199	209	220	230	241	251	262	272	283	294
79	89	100	110	121	131	142	152	163	173	184	194	204	215	225	236	246	257	267	278	288
75	86	96	107	117	127	138	148	158	169	179	189	200	210	220	231	241	252	262	272	283
72	82	93	103	113	123	134	144	154	164	175	185	195	205	216	226	236	246	257	267	277
69	79	89	99	109	119	130	140	150	160	170	180	190	201	211	221	231	241	251	262	272
65	75	85	95	105	115	125	136	146	156	166	176	186	196	206	216	226	236	246	256	266
62	72	82	91	101	111	121	131	141	151	161	171	181	191	201	211	221	231	241	251	261
50	08	78	88	98	107	117	127	137	147	157	167	176	186	196	206	216	226	236	246	255
55	64	74	84	94	103	113	123	133	143	152	162	172	182	191	201	211	221	230	240	250
51	61	71	80	90	100	109	119	129	138	148	158	167	177	187	196	206	215	225	235	244
48	57	67	76	86	96	105	115	124	134	143	153	163	172	182	191	201	210	220	229	239
44	54	63	73	82	92	101	111	120	129	139	148	158	167	177	186	196	205	215	224	234
41	50	60	69	78	88	97	106	116	125	134	144	153	163	172	101	191	200	209	219	228
37	47	56	05	74	84	93	102	111	121	130	139	149	158	167	176	186	195	204	213	223
34	43	52	61	71	80	89	98	107	116	126	135	144	153	162	171	181	190	199	208	217
30	39	48	58	67	76	85	94	103	112	121	130	139	148	157	166	175	185	194	203	212
27	36	45	54	63	72	81	90	99	108	117	126	135	144	152	161	170	179	188	197	206
	32	41	50	59	68	77	86	94	103	112	121	130	139	148	156	165	174	183	192	201
	29	37	46	55	64	73	81	90	99	108	116	125	134	143	152	160	169	178	187	195
		34	42	51	60	68	77	86	95	103	112	121	129	138	147	155	164	173	181	190
		30	39	47	56	64	73	82	90	99	107	116	124	133	142	150	159	167	176	184
			35	43	52	60	69	77	86	94	103	111	120	128	137	145	154	162	171	179
			31	39	48	56	65	73	81	90	98	107	115	123	132	140	148	157	165	174
				36	44	52	60	69	77	85	94	102	110	118	127	135	143	152	160	168
				32	40	48	56	64	73	81	89	97	105	114	122	130	138	146	154	163
					36	44	52	60	68	76	84	93	101	109	117	125	133	141	149	157
					32	40	48	56	64	72	80	88	96	104	112	120	128	136	144	152
						36	44	52	60	67	75	83	91	99	107	115	123	130	138	146
						32	40	47	55	63	71	78	86	94	102	110	117	125	133	141
							35	43	51	58	66	74	82	89	97	105	112	120	128	135
							31	39	46	54	62	69	77	84	92	99	107	115	122	130
								35	42	49	57	64	72	79	87	94	102	109	117	124
									38	45	52	60	67	75	82	89	97	104	112	119
									33	41	48	55	62	70	77	84	92	99	106	113
										36	43	50	58	65	72	79	86	94	101	108

Fortsetzung Wohngeld für vier Familienmitglieder

bei einem monatlichen Familien-einkommen (§ 9 Abs. 2) von	bei einer zu berücksichtigenden Miete ode																			
	50 bis 60	60 bis 70	70 bis 80	80 bis 90	90 bis 100	100 bis 120	120 bis 140	140 bis 160	160 bis 180	180 bis 200	200 bis 220	220 bis 240	240 bis 260	260 bis 280	280 bis 300	300 bis 320	320 bis 340	340 bis 360	360 bis 380	380 bis 400
mehr als bis	1	2	3	4	5	6	7	8	9	10	11	12	13	14	15	16	17	18	19	20
	Deutsche Mark																			
2600—2620																				
2620—2640																				
2640—2660																				
2660—2680																				
2680—2700																				
2700—2720																				
2720—2740																				
2740—2760																				
2760—2780																				
2780—2800																				
2800—2820																				
2820—2840																				
2840—2860																				

Belastung (§ 7) von monatlich mehr als ... Deutsche Mark																				
400 bis 420	420 bis 440	440 bis 460	460 bis 480	480 bis 500	500 bis 520	520 bis 540	540 bis 560	560 bis 580	580 bis 600	600 bis 620	620 bis 640	640 bis 660	660 bis 680	680 bis 700	700 bis 720	720 bis 740	740 bis 760	760 bis 780	780 bis 800	800 bis 820
21	22	23	24	25	26	27	28	29	30	31	32	33	34	35	36	37	38	39	40	41
Deutsche Mark																				
										32	39	46	53	60	67	74	81	88	95	103
											34	41	48	55	62	69	76	83	90	97
												36	43	50	57	64	71	78	85	92
													39	45	52	59	66	72	79	86
													34	40	47	54	61	67	74	81
														36	42	49	55	62	69	75
															37	44	50	57	63	70
																39	45	51	58	64
																34	40	46	52	59
																	35	41	47	53
																		36	42	48
																			36	42
																				37

Quelle: Presse- und Informationsamt der Bundesregierung

Geld für (werdende) Mütter

Selbst in diesem unserem Lande gibt es noch Geburten, und es werden sogar wieder mehr. Beinahe genauso wichtig wie die Säuglingspflege ist es, zu wissen, wie und woher man Zuschüsse, Vergünstigungen und Mutterschaftsgeld bekommt.

Mutterschaftsgeld wird für die Dauer von sechs Wochen vor und acht Wochen nach Geburt gezahlt, also während der Zeit, in der die Mutter von der Arbeit freigestellt ist. Bei Früh- oder Mehrlingsgeburten verlängert sich der Zeitraum auf zwölf Wochen nach der Entbindung.

Anspruch haben alle Mütter, wenn sie bei

- Beginn der Schutzfrist (sechs Wochen vor der Entbindung) bei einer gesetzlichen Krankenkasse versichert sind oder in einem Arbeitsverhältnis stehen,
- auch wenn sie Heimarbeit machen
- das Arbeitsverhältnis während der Schwangerschaft vom Arbeitgeber zulässig gekündigt worden ist.

Für alle ist jedoch Voraussetzung, daß sie zwischen dem zehnten (!) und vierten Monat vor der Entbindung für mindestens zwölf Wochen krankenversicherungspflichtig waren oder ein Arbeitsverhältnis bestanden hat. Das Mutterschaftsgeld wird durch die Krankenkassen ausgezahlt. Man benötigt dafür eine Bescheinigung, die der Arzt innerhalb von sieben Wochen vor dem angenommenen Geburtszeitpunkt ausstellt, sowie eine Bescheinigung des Arbeitgebers.

Wer nicht in der gesetzlichen Krankenversicherung ist, erhält unter gleichen Bedingungen Mutterschaftsgeld vom Bundesversicherungsamt, Reichpietuferstr. 72–76, 1000 Berlin 30, insgesamt aber höchstens 400 Mark.

Die Krankenkasse zahlt ein Mutterschaftsgeld von maximal 25 Mark pro Tag. Der Arbeitgeber übernimmt den Unterschiedsbetrag zwischen den 25 Mark und dem normalen Tagesverdienst. Auch privat- oder nichtversicherte Arbeitnehmerinnen können diesen Arbeitgeberzuschuß beanspruchen.

Nach der Entbindung zahlen die Krankenversicherungen ihren Mitgliedern einen Pauschbetrag von 100 Mark, sofern die ärztlichen Vorsorgeuntersuchungen, die die Kassen anbieten, in Anspruch genommen wurden.

Das Mutterschaftsgeld ist übrigens steuer- und sozialabgabenfrei; es wird rein netto ausgezahlt.

Erziehungsgeld
erhalten Eltern im ersten Lebensjahr ihres Kindes, sofern sie ihren Wohnsitz oder den gewöhnlichen Aufenthalt in der Bundesrepublik oder West-Berlin habe (die Staatsangehörigkeit spielt keine Rolle) und das Kind vorwiegend selbst erziehen und betreuen. Dies gilt auch dann, wenn sie nicht erwerbstätig sind und weniger als 19 Stunden wöchentlich arbeiten.
Das Erziehungsgeld beträgt maximal 600 Mark monatlich (auch bei mehr als einem Kind). Die Eltern können selbst festlegen, wer von ihnen den Anspruch auf Erziehungsgeld geltend macht. Vater und Mutter können sich einmal abwechseln. Der Anspruch auf das Geld ist unabhängig von der bisherigen Tätigkeit, gilt also für Schülerinnen ebenso wie für Hausfrauen. Väter können es aber nur bekommen, wenn sie mit der Mutter des Kindes verheiratet sind.
Auch ohne gewöhnlichen Aufenthalt oder Wohnsitz in der BRD bzw. West-Berlin, kann es Erziehungsgeld geben und zwar für:
- Personen, die von ihrem Arbeitgeber ins Ausland entsandt wurden.
- Grenzgänger(innen) aus EG-Staaten, die im Bundesgebiet arbeiten.
- Aussiedler, wenn ihre deutsche Volkszugehörigkeit vom Grenzdurchgangslager vorläufig anerkannt worden ist. Ebenso, wenn die Vertriebenenbehörde einen Antrag auf den Vertriebenenausweis A entgegengenommen hat.

Erziehungsgeld gibt es auch für Adoptiveltern, Großeltern und Personen, denen das Sorgerecht für das Kind übertragen wurde.
Der Anspruch auf Erziehungsgeld besteht vom Tage der Geburt des Kindes an. Allerdings wird in den ersten Monaten das Mutterschaftsgeld angerechnet. Der Anspruch endet mit Ablauf des ersten Lebensjahres. In den ersten sechs Monaten wird das Geld unabhängig vom Einkommen gezahlt (nur das Mutterschaftsgeld wird angerechnet), dann gelten Einkommensgrenzen.
Die Einkommensgrenze liegt für Verheiratete mit einem Kind bei 29.400 Mark, das entspricht ca. 42.000 Mark brutto im Jahr. Für Alleinerziehende mit einem Kind liegt die Grenze bei 23.700 Mark, was etwa einem Bruttoverdienst von 34.000 Mark entspricht. Mit jedem weiteren Kind erhöht sich die Einkommensgrenze (für Verheiratete und Alleinerziehende gleichermaßen) um 4.200 Mark.

In der Regel ist das Einkommen im vorletzten Kalenderjahr vor der Geburt maßgebend. Und zwar allein das Einkommen des Ehepartners, wenn die Antragstellerin (Antragsteller) im Zeitraum vom 7.–12. Lebensmonat des Kindes nicht berufstätig ist. Sonst wird das frühere Einkommen beider Ehepartner zugrundegelegt. Bei Alleinstehenden, die nach dem 6. Lebensmonat des Kindes nicht erwerbstätig sind, wird kein Einkommen angerechnet.

Wenn in dem Kalenderjahr, in dem der 7. Lebensmonat beginnt, das Einkommen geringer ist als im vorletzten Jahr vor der Geburt, wird auf Antrag das geringere Einkommen zugrundegelegt.

Aber auch ein paar Mark mehr an Einkommen bedeuten nicht, daß das Erziehungsgeld wegfällt. Wer mehr verdient, dem wird es nur gemindert und zwar um monatlich 40 Mark, je 1.200 Mark Jahresverdienst über der Einkommensgrenze.

Erziehungsgeld wird zusätzlich zu Ausbildungsförderung, Wohngeld, Arbeitslosen- und Sozialhilfe gezahlt und nicht etwa verrechnet. Kindergeld und Kindergeldzuschlag bleiben ebenfalls unberührt.
Wer arbeitslos ist, kann ebenfalls Erziehungsgeld bekommen, außer er bekommt Arbeitslosengeld.

Erziehungsgeld ist steuerfrei und darf nicht gepfändet werden.
Erziehungsgeld kann nur zwei Monate rückwirkend gezahlt werden, deshalb sollten die Anträge (schriftlich) sofort nach der Geburt gestellt werden und zwar bei den folgenden Stellen (die haben auch Vordrucke):

Baden Württemberg
Die Landeskreditbank
7500 Karlsruhe, Schloßplatz 10/12

Bayern
Die Familienkassen bei den Versorgungsämtern in

8900 Augsburg, Morellstraße 30, für Schwaben;
8580 Bayreuth, Hegelstraße 2, für Oberfranken;
8300 Landshut, Friedhofstraße 7, für Niederbayern

8000 München 19, München I, Richelstraße 17, für Oberbayern, Buchstaben A-H;
8000 München 2, München II, Bayernstraße 32, für Oberbayern, Buchstaben I-Z;

8500 Nürnberg 2, Bärenschanzstraße 2a, für Mittelfranken;

8400 Regensburg 2, Landhuter Straße 55, für die Oberpfalz;

700 Würzburg 2, Georg-Eydel-Straße 13, für Unterfranken.

Bremen
Das Amt für soziale Dienste
in Bremen und
in Bremerhaven das Jugendamt

Berlin
Die Bezirksämter (Jugendamt)

Hamburg
Die Bezirksämter
(Einwohnermeldeamt)

Hessen
Die Versorgungsämter in

6100 Darmstadt, Bartningstraße 53,
mit Außenstelle Bensheim,
Darmstädter Straße 52,
6140 Bensheim;

Frankfurt am Main,
— Außenstelle —
Hanauer Landstraße 126-128
6000 Frankfurt am Main I
Tel. (0 69) 40 58 09-0

6400 Fulda, Marquardtstraße 23;
6300 Gießen, Südanlage 14a;
mit Außenstelle Marburg,
Liebigstraße 31;
3500 Kassel,
Frankfurter Straße 84a;
6200 Wiesbaden,
John-F.-Kennedy-Straße 4

Niedersachsen
Die kreisfreien Städte,
die Landkreise
und in einigen Fällen auch
kreisangehörige Gemeinden

Nordrhein-Westfalen
Die Versorgungsämter in

5100 Aachen,
Schenkendorfstraße 2-4;
4800 Bielefeld 1,
Stapenhorststraße 62;
4600 Dortmund 1,
Lindemannstraße 78;
4000 Düsseldorf 30,
Roßstraße 92;
4100 Duisburg 1,
Ludgeristraße 12;
4300 Essen 1,
Kurfürstenstraße 33;
4650 Gelsenkirchen,
Lattmannstraße 2-4;
5000 Köln 60 (Riehl),
Boltensternstraße 10;
4400 Münster,
Von-Steuben-Straße 10;
4770 Soest,
Heinzbergplatz 13;
5600 Wuppertal 2,
Friedrich-Engels-Allee 76.

Rheinland-Pfalz
Die Jugendämter der kreisfreien
Städte und Landkreise

Saarland
Das Versorgungsamt Saarbrücken

Schleswig-Holstein
Die Versorgungsämter in
2400 Lübeck
2240 Heide
2380 Schleswig
2300 Kiel

Dem Antrag sollten Lohn- bzw. Einkommenssteuerbescheid beiliegen. Wird der Antrag abgelehnt, kann man innerhalb eines Monats Widerspruch einlegen. Wird der Widerspruch abgelehnt, bleibt noch die

Klage vor dem Sozialgericht, wiederum innerhalb eines Monats nach Eingang der Ablehnung.
In einigen Bundesländern gibt es zusätzlich zum Erziehungsgeld des Bundes Bares aus der Landeskasse. Darüber sollte man sich unbedingt bei den vorstehenden Adressen erkundigen!!

Bayerns Mütter haben es besser. Wenn bis Juli nächsten Jahres bundesweit das Erziehungsgeld in zwei Schritten jeweils um ein Vierteljahr verlängert wird, will die im Freistaat regierende CSU noch mal insgesamt ein halbes Jahr dazugeben. Nach einem Beschluß der bayrischen Staatsregierung wird die Gebärfreude im Freistaat dann zwei Jahre lang gefördert, während es in den anderen Bundesländern nur 18 Monate lang Geld gibt. Durch die Sondervergütung erhoffen sich die Familienförderer der Christsozialen nicht nur mehr Nachwuchs, sondern auch mehr Stimmen im Super-Wahljahr 1990: Im Frühjahr sind im Süd-Staat Kommunalwahl-, im Herbst Landtagswahlen.

Erziehungsurlaub
Wer Anspruch auf Erziehungsgeld hat, kann auch in den Genuß von Erziehungsurlaub kommen.
Bei Verheirateten gilt die Voraussetzung, daß der Ehepartner erwerbstätig, arbeitslos oder in Ausbildung ist, oder zur Betreuung nicht in der Lage ist, z.B. wegen einer Krankheit. Erziehungsurlaub kann in jedem Arbeitsverhältnis genommen werden. Wer in Erziehungsurlaub gehen will, muß dies spätestens einen Monat vorher von seinem Arbeitgeber verlangen und sich verbindlich über die Länge des Urlaubs äußern. Während des Erziehungsurlaubs ist eine Teilzeitbeschäftigung von weniger als 18 Stunden wöchentlich zulässig (z.Zt. wird über eine Heraufsetzung auf 19 Stunden beraten), aber nur beim bisherigen Arbeitgeber. Der Arbeitgeber kann während des Urlaubs grundsätzlich keine Kündigung aussprechen. Mütter und Väter können den Urlaub zeitlich untereinander aufteilen. Der tarifliche Erholungsurlaub kann anteilig für jeden vollen Monat Erziehungsurlaub um ein Zwölftel gekürzt werden. Restlicher Erholungsurlaub wird nach Abschluß des Erziehungsurlaubs im laufenden oder nächsten Urlaubsjahr gewährt. Er erlischt dabei nicht – wie sonst üblich – am 31.3. des Folgejahres. Sollte das Arbeitsverhältnis mit Ablauf des Erziehungsurlaubs enden, wird der Resturlaub in Geld gerechnet.
Wer bereits vor der Geburt des Kindes Mitglied der gesetzlichen Kran-

kenversicherung war, ist während des Erziehungsurlaubs beitragsfrei weiterversichert, solange er Erziehungsgeld erhält. Wenn bereits vor der Geburt des Kindes der Schutz der Arbeitslosenversicherung bestand, wird die Zeit, in der man Erziehungsgeld bezieht, bei der Arbeitslosenversicherung berücksichtigt. Der Arbeitnehmer ist also während der Bezugszeit von Erziehungsgeld beitragsfrei in der Arbeitslosenversicherung weiterversichert.
Stirbt das Kind während des Erziehungsurlaubs, endet dieser spätestens drei Wochen nach dem Tod des Kindes.

Erziehungszeiten in der Rentenversicherung
Die Erziehungszeit während des ersten Lebensjahres des Kindes wird für die Rente mit 75 % des Durchschnitteinkommens aller Versicherten bewertet. Wer während dieser Zeit weder versicherungspflichtig beschäftigt war, noch auf andere Art Rentenansprüche erworben hat, kann aus heutiger Sicht pro Kind mit einer monatlichen Erhöhung seiner Rente um 28 Mark rechnen.
Wer während der Erziehungszeit beitragspflichtig beschäftigt ist, erhält keine zusätzliche Versicherungszeit gutgeschrieben. Verdient man aber weniger als 75 % aller Versicherten während dieser Zeit, wird der Beitragswert für die Rente aufgestockt. Versichert ist normalerweise die Mutter. Die Eltern können jedoch bis zum Ablauf von drei Monaten nach der Geburt des Kindes durch eine gemeinsame Erklärung gegenüber dem Rentenversicherungsträger bestimmen, daß der Vater für den gesamten Zeitraum versichert sein soll.

Hilfe in besonderen Notlagen
1984 wurde die Stiftung »Mutter und Kind« ins Leben gerufen, die (werdenden) Müttern unbürokratische Hilfe gewährt.
Wer einen Antrag auf Stiftungsmittel stellen möchte, muß sich zunächst an eine nach § 218 anerkannte Beratungsstelle wenden, ein Schwangerschaftsattest vorlegen und eine Beratung über sich ergehen lassen.
Bei diesen Stellen, deren Adressen man im örtlichen Telefonbuch findet, gibt es auch die Antragsformulare.
Die Stiftung Mutter und Kind ist u.a. Bei der Suche einer geeigneten Wohnung und der Einrichtung eines eigenen Haushalts behilflich, übernimmt die Kosten für die »Erstausstattung« eines Kindes und beteiligt sich im Einzelfall auch an den Lebenshaltungskosten oder den Kosten für die Betreuung eines Kleinkindes.

Ihre Leistungen können nicht gepfändet werden und werden nicht auf andere Sozialleistungen wie z.B. Sozialhilfe oder Arbeitslosenhilfe angerechnet.

Nähere Einzelheiten erfahren Sie unter den folgenden Adressen:

- In den Ländern Baden-Württemberg, Niedersachsen, Rheinland-Pfalz und Schleswig-Holstein die Landesstiftung »Familie in Not«.
- Im Freistaat Bayern die Stiftung »Hilfe für Mutter und Kind«.
- Im Land Berlin die Stiftung »Hilfe für die Familie«.
- Im Land Bremen die Arbeitsgemeinschaft aus Caritasverband und Diakonischen Werk, vertreten durch den Caritasverband Bremen.
- Im Land Hamburg die Arbeitsgemeinschaft aus Caritasverband und Diakonie, vertreten durch den Caritasverband Hamburg.
- Im Land Hessen die Caritas-Diakonie-Konferenz, vertreten durch das Diakonische Werk in Kurhessen-Waldeck.
- Im Land Nordrhein-Westfalen der Caritasverband für die Diözese Münster.
- Im Saarland die Liga der freien Wohlfahrtspflege Saar, vertreten durch den Caritasverband für Saarbrücken und Umgebung e.V.

Die genauen Anschriften entnehmen Sie bitte dem örtlichen Telefonbuch oder erfragen sie bei Ihrem Sozialamt.

BAföG (Bundesausbildungsförderungsgesetz)

»Bekommst du BAföG?« heißt die Gretchenfrage unter Studenten, und dabei ist natürlich nicht Bundesausbildungsförderungsgesetz gemeint, sondern das Geld, das man aufgrund dieses Gesetzes bekommen kann. Aber vor das Geld hat der Gesetzgeber eine Menge Formulare gesetzt, die eine Menge Schweiß und Gehirnschmalz kosten. Die Beamten sind eben der Meinung, wer sich da nicht durchfindet, habe auch kein Recht auf Kohle. Wir meinen, wer sich diese Mühe macht, der hat was fürs Leben gelernt, das fast wichtiger ist als das Studium selbst: mit der nötigen Geduld kann man von den Beamten (fast) alles bekommen, und dem know-how natürlich.
Gerade eben geht eine Nachricht aus Frankreich über den Ticker: hier soll künftig nur noch Staatsdiener werden können, wer mindestens Abitur hat, und Polizeioffizier soll bald nur der werden können, der die zweifelhafte Qualifikation nach einem Hochschulstudium erreichte. Mehr Bildung hat sicher noch keinem geschadet und wegen eines zu hohen Intelligenzquotienten spürt man auch heute noch eher die Gummiknüppel, als sie selbst zu schwingen. Doch wer glaubt, daß sich durch solche Mindestanforderungen auch die Mentalität ändern ließe, den bringen wir jetzt erst einmal auf den deutschen Bafög-Boden zurück:
»Die jungen Menschen können darauf vertrauen, daß die Bundesregierung alle Anstrengungen darauf richten wird, dieses unentbehrliche Förderungssystem zu erhalten und den Erfordernissen der Zeit entsprechend fortzuentwickeln.«
Bis kurz vor Redaktionsschluß (Frühjahr 89) sah es jedenfalls so aus.

Förderungsvoraussetzungen
Anspruch auf BAföG haben:
– Schüler von Haupt-, Real- und Gesamtschulen, von Gymnasien und Berufsfachschulen ab Klasse 10, von Berufsaufbauschulen, von Fachoberschulen und Fachschulklassen, deren Besuch eine abgeschlossene Berufsausbildung nicht voraussetzt, wenn sie nicht bei den Eltern wohnen und von der Wohnung der Eltern aus keine entsprechende Ausbildungsstätte in zumutbarer Entfernung erreichbar ist. – Schüler von Abendschulen und Kollegs.

- Schüler von Fachschulklassen, deren Besuch eine abgeschlossene Berufsausbildung voraussetzt.
- Studenten an Höheren Fachschulen, Akademien und Hochschulen.
- Teilnehmer an Fernunterrichtslehrgängen, wenn diese mit den genannten Ausbildungsstätten vergleichbar sind.
- Praktikanten, die ein Praktikum im Zusammenhang mit dem Besuch der genannten Ausbildungsstätten ableisten müssen.

Außer Deutschen werden gefördert:

- Heimatlose Ausländer, die es im Sinne des Gesetzes sind.
- Ausländer, die ihren gewöhnlichen Aufenthalt in der Bundesrepublik haben und als Asylberechtigte anerkannt sind oder als Flüchtlinge im Rahmen humanitärer Hilfsaktionen aufgenommen wurden.
- Ausländer, die ihren ständigen Wohnsitz in der Bundesrepublik haben und bei denen ein Elternteil Deutscher ist.
- Ausländer, wenn sie, als Kinder von in der Bundesrepublik Erwerbstätigen, verbleibeberechtigt sind.
- Ausländer, die fünf Jahre vor Beginn der Ausbildungsförderung rechtmäßig in der Bundesrepublik erwerbstätig gewesen sind.
- Ausländer, wenn zumindest ein Elternteil während der letzten sechs Jahre vor Beginn der Ausbildung sich insgesamt drei Jahre in der Bundesrepublik aufgehalten hat und rechtmäßig erwerbstätig gewesen ist.

Auszubildende dürfen bei Beginn des Ausbildungsabschnitts in der Regel nicht älter als 30 Jahre sein. Ausnahmen gelten nur für Fachoberschüler, die erst eine abgeschlossene Berufsausbildung brauchten, bei Kolleg- und Abendschülern, die unmittelbar nach Erwerb der Hochschulreife mit dem Studium beginnen, sowie bei persönlichen oder familiären Härtefällen.

Zuständigkeit

Für Schüler ist in der Regel das Amt für Ausbildungsförderung bei der Kreis- oder Stadtverwaltung am Wohnsitz der Eltern zuständig, für Studenten das Amt für Ausbildungsförderung am Hochschulort.

Bedarfssätze

Auszubildende, die bei den Eltern wohnen:

Schüler von Abendhaupt- und Abendrealschulen:
540 Mark

Fachschüler (beim Besuch von Fachschulklassen, die eine abgeschlossene Berufsausbildung voraussetzen), Abendgymnasiasten und Kollegschüler:
550 Mark
Studenten an Höheren Fachschulen, Akademien und Hochschulen:
590 Mark

Auszubildende, die NICHT bei den Eltern wohnen:

Schüler von weiterführenden allgemeinbildenden Schulen, Berufsfachschüler (einschließlich Berufsgrundschul- oder Berufsgrundbildungsjahr), Fach- und Fachoberschüler (beim Besuch von Klassen, die eine abgeschlossene Berufsausbildung nicht voraussetzen):
540 Mark
Schüler von Abendhaupt- und Abendrealschulen: 650 Mark
Schüler von Berufsaufbauschulen, Fachoberschüler (beim Besuch von Klassen, die eine abgeschlossene Berufsausbildung voraussetzen), Abendgymnasiasten, Kollegiaten:
685 Mark
Studenten an Höheren Fachschulen, Akademien und Hochschulen:
725 Mark

Die Förderung gilt auch für die Ferienzeit.

Förderungshöchstdauer
Die Förderungshöchstdauer für Studenten entspricht im Allgemeinen der vom Kultusministerium festgelegten Regelstudienzeit und bewegt sich zwischen 8 und 11 Semestern. Studenten, die gerade in der Abschlußprüfung stecken, können auf Antrag einen »Nachschlag« von ein bis zwei Semestern erhalten.

Der BAföG-Antrag
Einkommen und Freibeträge
Und jetzt kommen wir zu den aktuellen Änderungen, nämlich den höheren Freibeträgen, die vom Einkommen des Auszubildenden, des Ehegatten und der Eltern abzuziehen sind, doch vorab muß erst erklärt werden, was beim BAföG überhaupt als Einkommen gilt:
Als Einkommen sind zu berücksichtigen die Summe der positiven Einkünfte im Sinne des Einkommensteuergesetzes, Renten und Kindergeld

sowie Lohnersatzleistungen wie z.B. Kranken- oder Arbeitslosengeld. Erzielen die Eltern beispielsweise nur Einkünfte aus nichtselbständiger Arbeit, so ist das Einkommen im Sinne des BAföG so zu ermitteln: Man geht von der Summe der positiven Einkünfte im Sinne des Einkommensteuergesetzes aus und addiert dazu das gesamte Kindergeld, das die Eltern beziehen. Von diesem Betrag werden die folgenden Posten abgezogen:

- Arbeitnehmerfreibetrag und Weihnachtsfreibetrag
- Werbungskosten
- tatsächlich gezahlte Steuern (incl. Kirchensteuer)
- Sozialpauschale

Das Ergebnis ist dann das Einkommen im Sinne des BAföG. Davon bleiben folgende Beträge anrechnungsfrei:

§ 25 Freibeträge vom Einkommen der Eltern und des Ehegatten

(1) Es bleiben monatlich anrechnungsfrei

1. vom Einkommen der Eltern, sofern sie nicht geschieden sind oder dauernd getrennt leben, 1700 DM
2. vom Einkommen eines alleinstehenden oder dauernd getrennt lebenden Elternteils oder des Ehegatten 1170 DM

Der Freibetrag von 1170*) Deutsche Mark gilt auch für den Elternteil, dessen Ehegatte nicht in Eltern-Kind-Beziehung zum Auszubildenden steht.

(2) (Aufgehoben).

(3) Die Freibeträge des Absatzes 1 erhöhen sich für

1. jedes Kind des Einkommensbeziehers um 140 DM und
2. den Ehegatten des Einkommensbeziehers um 95 DM,

wenn sie in einer Ausbildung stehen, die nach diesem Gesetz oder nach § 40 des Arbeitsförderungsgesetzes gefördert werden kann,

3. für andere Kinder des Einkommensbeziehers, die bei Beginn des Bewilligungszeitraums
   a) das 15. Lebensjahr noch nicht vollendet haben, um je 445 DM,
   b) das 15. Lebensjahr vollendet haben, um je 575 DM,
4. für weitere dem Einkommensbezieher gegenüber nach dem bürgerlichen Recht Unterhaltsberechtigte um je 530 DM.

Der Freibetrag nach Satz 1 Nr. 1 wird bei nicht miteinander verheirateten oder dauernd getrennt lebenden Eltern bei jedem Elternteil voll berücksichtigt. Die Beiträge nach Satz 1 Nr. 3 und 4 mindern sich um das Einkommen des Kindes oder des sonstigen Unterhaltsberechtigten.

(4) Das die Freibeträge nach den Absätzen 1, 3 und 6 übersteigende Einkommen der Eltern und des Ehegatten bleibt anrechnungsfrei

1. zu 25 vom Hundert und
2. zu 10 vom Hundert für jedes Kind, für das ein Freibetrag nach Absatz 3 gewährt wird, höchstens jedoch bis zu 70 DM für das erste Kind, 160 DM für das zweite, 260 für das dritte und jedes weitere Kind.

(5) Als Kinder werden außer den Kindern des Einkommensbeziehers die ihnen durch § 2 Abs. 1 des Bundeskindergeldgesetzes Gleichgestellten berücksichtigt.

(6) Zur Vermeidung unbilliger Härten kann auf besonderen Antrag, der vor dem Ende des Bewilligungszeitraumes zu stellen ist, abweichend von den vorstehenden Vorschriften ein weiterer Teil des Einkommens anrechnungsfrei bleiben. Hierunter fallen insbesondere außergewöhnliche Belastungen nach den §§ 33 bis 33 c des Einkommensteuergesetzes sowie Aufwendungen für behinderte Personen, denen der Einkommensbezieher nach dem bürgerlichen Recht unterhaltspflichtig ist.

§ 25 a Freibeträge vom Einkommen der Eltern in besonderen Fällen

(1) Die Freibeträge vom Einkommen der Eltern nach § 25 Abs. 1 erhöhen sich um 50 vom Hundert, wenn der Auszubildende

1. bei Beginn des Ausbildungsabschnitts das 27. Lebensjahr vollendet hat,
2. eine weitere in sich selbständige Ausbildung beginnt und seine Eltern ihm gegenüber ihre Unterhaltspflicht noch nicht erfüllt haben.

(2) In den vorbezeichneten Fällen findet § 25 Abs. 4 und 6 Anwendung.

§ 25 b Freibeträge vom Einkommen der Eltern und des Ehegatten für Schüler in Härtefällen

(1) Für Auszubildende, deren Bedarf sich nach § 12 a bemißt, bleiben abweichend von § 25 monatlich anrechnungsfrei

1. vom Einkommen der Eltern, sofern sie nicht geschieden sind oder dauernd getrennt leben, 1100 DM,
2. vom Einkommen eines alleinstehenden oder dauernd getrennt lebenden Elternteils oder des Ehegatten 750 DM.

Der Freibetrag von 750 Deutsche Mark gilt auch für den Elternteil, dessen Ehegatte nicht in Eltern-Kind-Beziehung zum Auszubildenden steht.

(2) Die Freibeträge des Absatzes 1 erhöhen sich

1. für jedes Kind und den Ehegatten des Einkommensbeziehers, wenn sie in einer Ausbildung stehen, die nach diesem Gesetz oder nach § 40 des Arbeitsförderungsgesetzes gefördert werden kann, um 60 DM,
2. für andere Kinder des Einkommensbeziehers und für weitere diesem gegenüber nach dem bürgerlichen Recht Unterhaltsberechtigte, die bei Beginn des Bewilligungszeitraums
   a) das 15. Lebensjahr noch nicht vollendet haben, um je 260 DM,
   b) das 15. Lebensjahr vollendet haben, um je 350 DM.

Die Beträge nach Satz 1 Nr 2 mindern sich um das Einkommen des Kindes oder des sonstigen Unterhaltsberechtigten.

(3) §25 Abs. 5 und 6 ist anzuwenden.

Vermögen

Das Kapitel »Vermögen« schenken wir uns fast gänzlich, denn Leute mit größerem Vermögen sind eh keine Ratgeberleser, sondern beschäftigen solche in persona und sind meist nicht bedürftig im Sinne des BAföG.

Vom Vermögen bleiben anrechnungsfrei:
für den Auszubildenden selbst: 6.000 Mark

für seinen Ehepartner: 2.000 Mark
für jedes Kind: 2.000 Mark
Selbst wenn das Einkommen und Vermögen des Auszubildenden bzw. seiner Eltern die jeweiligen Freibeträge übersteigt, sollte man auf jeden Fall einen BAföG-Antrag stellen.
Vielleicht springt auf diese Weise wenigstens ein kleines Zubrot zum Studium heraus.

Auslandsbafög
Nur den wenigsten Studenten ist bekannt, daß Studienaufenthalte von maximal zwei Semestern an ausländischen Universitäten, die das Studium in Deutschland sinnvoll ergänzen, vom Bafögamt im Allgemeinen recht großzügig gefördert werden. Auslandsbafög wird nicht auf die inländische Förderungshöchstdauer angerechnet, sondern als zusätzliche Leistung gewährt. Allerdings sollte man sich rechtzeitig vor Ablauf der inländischen Förderungshöchstdauer darum kümmern und unverschämt lange Bearbeitungszeiten einkalkulieren.
Wichtig: Viele Studenten, die in Deutschland leer ausgehen, haben wegen höherer Freibeträge dennoch Anspruch auf Auslandsbafög.

Rückzahlung
Schüler erhalten die Förderung nach wie vor nicht als Darlehen, sondern als Zuschuß. Studenten erhalten Bafög als zinsloses Darlehen, das bei besonders schnellem Abschluß oder besonders guten Leistungen auf besonderen Antrag jedoch teilweise erlassen werden kann.
Als »gut« gilt ein Abschluß unter den besten 30 % eines Jahrgangs.
Beendet der Auszubildende die Ausbildung vier Monate vor dem Ende der Förderungshöchstdauer, so werden ihm 5.000 Mark erlassen, ist er nur zwei Monate schneller, so spart er 2.000 Mark.
Da Bafög als zinsloses Darlehen gewährt wird, kann man sich durch eine vorzeitige Rückzahlung ein hübsches Sümmchen sparen: bis zu 50 % der Darlehenshöhe.
Oft wird es jedoch günstiger sein, die Rückzahlung in monatlichen Raten von mindestens 120 Mark »abzustottern«, was sich im Extremfall bis zu 20 Jahren hinziehen kann.
Übrigens: Die Leute vom Ausbildungsförderungsamt sind oft selbst ehemalige Studis und kennen manchmal die besten Tricks und Kniffe. Da viel von ihrem »Goodwill« abhängt, sollte man sie als Verbündete gewinnen.

Alternative Förderungsmöglichkeiten

Kluge Köpfe, die sich die Rückzahlung und anderes ersparen wollten, sollten versuchen, eine andere Institution als Sponsor zu gewinnen. Die folgenden Institute vergeben Stipendien, die oft höher als das Bafög liegen. Unbedingt Infomaterial anfordern von:

Studienstiftung des Deutschen Volkes
Mirbachstr. 7
5300 Bonn 2

Hans-Böckler-Stiftung (DGB)
Bertha-von-Suttner-Platz 3
4000 Düsseldorf 1

Konrad-Adenauer-Stiftung
Rathausallee 12
5205 Sankt Augustin

Hanns-Seidel-Stiftung
Abt. Studienförderung Lazarettstr. 19
8000 München 19

Friedrich-Naumann-Stiftung
Abt. Begabtenförderung
Im Dol 2
1000 Berlin 33

Friedrich-Ebert-Stiftung
Abt. Studienförderung
Godesberger Allee 149
5300 Bonn 2

Evangelisches Studienwerk e.V.
Haus Villigst
5840 Schwerte 5

Cusanuswerk
Bischöfliche Studienförderung
Annabergerstr. 283
5300 Bonn-Bad Godesberg

Wer sich nicht an Parteien oder Kirchen wenden möchte, der kann auf ein Buch zurückgreifen, in dem weitere Geldquellen aufgeführt sind, die man noch vor dem Bafög-Antrag anzapfen sollte:

Förderungsmöglichkeiten für Studierende
Hg.: Deutsches Studentenwerk e.V.
Verlag Karl Heinrich Bock
5340 Bad Honnef

Wehrdienst/Zivildienst

Wer nach dem neuen Zivildienstgesetz vom 31.7.1986 lieber gleich zum Bund geht, dem kann man das gar nicht so arg verübeln, denn die Dienste wurden durch rechte, sorry, richtige Gesetze einander angenähert.
Die Totalverweigerung ist nur etwas für Mutige. Für Menschen, die trotz all der Nachteile – vom Knast bis zum eventuellen Berufsverbot – keine Kompromisse machen (können). Die anderen, von denen immer mehr der Meinung sind, daß der Staat ihnen ohne Sinn und Zweck die Zeit stiehlt, diese anderen sollten ihn wenigstens ordentlich zur Kasse bitten.
Kommen wir zuerst zu denen, deren »Grundpflicht ist, der Bundesrepublik Deutschland treu zu dienen und die Freiheit des deutschen Volkes tapfer zu verteidigen« (Soldatengesetz).

Sold
Das Wehrsoldgesetz regelt die normalen Bezüge des Wehrpflichtigen, die Höhe des Solds richtet sich nach der dem Gesetz beigefügten Tabelle. Wer sich bis zum 1. Oktober einberufen läßt, dem steht ein Weihnachtsgeld von 310 Mark zu. Wer außerhalb der BRD den Wehrdienst ableistet, erhält nicht nur den doppelten Sold, sondern auch das doppelte Weihnachtsgeld.

Versicherung
Wenn der Wehrpflichtige nicht sozialversicherungspflichtig ist, hat er Ansprüche auf:
- Bezahlung der privaten Krankenversicherung
- Ersatz der Aufwendungen aus einer betrieblichen, überbetrieblichen oder zusätzlichen Alters- und Hinterbliebenenversorgung, die ohne Beteiligung des Arbeitgebers abgeschlossen wurde
- Ersatz der freiwilligen Höherversicherung in der gesetzlichen Rentenversicherung
- Ersatz fast sämtlicher Versicherung wie z.B. der Haftpflichtversicherung (Ausnahme: Kfz-Versicherungen)

All das geschieht nur auf Antrag und die Verträge müssen bei Dienstantritt älter als ein Jahr sein. Außerdem gelten Höchstgrenzen.

Mietbeihilfe
Wehrpflichtige haben Anspruch auf bis zu 420 Mark monatlich, wenn sie nicht mehr bei der Familie wohnen. Voraussetzung ist ferner, daß sie mindestens sechs Monate in der Wohnung gewohnt haben oder den Wohnraum dringend benötigen.
Sonst gibt es 70 % der Miete, maximal aber 294 Mark monatlich. Älteren Wehrpflichtigen, Studenten in Universitätsstädten oder Bewohnern von Ballungsgebieten fällt es besonders leicht, diese Vergünstigungen zu bekommen.

Kredite
die für eine Wohnungseinrichtung aufgenommen wurden, werden während der Wehrpflicht von der Bank gestundet, der Staat übernimmt während dieser Zeit die Zinsen.
Auch die Garagenmiete und die Kosten für die Unterbringung von Möbeln können aufgrund des Härteausgleichs übernommen werden.

Eigener Betrieb
Hat der Wehrpflichtige länger als ein Jahr ein eigenes Gewerbe, übernimmt der Staat die Kosten, die während der Ruhezeit des Betriebs anfallen (z.B. Versicherungen, Strom, Wasser, Heizung etc.)
Familie
Auch die Familienangehörigen des Wehrpflichtigen haben Anspruch auf Leistungen nach dem Unterhaltssicherungsgesetz. Diese Zahlungen richten sich nach dem Verdienst, den er vor seiner Einberufung hatte und können bis knapp 2.000 Mark betragen.

Ausbildungsangebote
Ohne Reklame für die Bundeswehr zu machen, ist es nötig, auf das vielschichtige Angebot in Sachen Beruf und Studium hinzuweisen. Als Zeitsoldat stehen einem Möglichkeiten offen, von denen der normale Azubi nur träumen kann. In den Bundeswehrfachschulen und Hochschulen kann man so gut wie alles lernen, was man auch »draußen« beigebracht bekommt. Nur ein Beispiel: wer sich auf 12 Jahre verpflichtet und ein Studium absolviert, erhält bereits als junger studierender Fähnrich 1.900 Mark netto im Monat, die Unterkunft entspricht dem Standard der besten Studentenwohnheime und kostet nichts. Nur 17 Studenten werden von einem Prof unterrichtet, sonst sind es fast 60.

Zivildienst
Da kommt der Zivildienst natürlich nicht mit, aber ansonsten sind die finanziellen Vergünstigungen ziemlich gleich (Weihnachtsgeld sogar 340 Mark).
Näheres zu erfahren gibt es bei der

Zentralstelle für Recht und
Schutz der Kriegsdienstverweigerer
Donandtstr. 4
2800 Bremen 1
(Tel. 0421/34 00 25)

Die Zentralstelle nennt Ihnen selbstverständlich auch Ansprechpartner in Ihrer Nähe.

Sei schlauer, werd' Bauer

Wer ein paar Mark übrig hat, kann den Staat (und damit auch uns alle – als Steuerzahler) in Sachen Rente und Versicherung wunderbar aufs Kreuz legen. Ausgedacht hat sich das System Gerhard Diercks.
Er verkauft Besserverdienenden ein paar Hektar Ackerland und macht sie so zu Landwirten mit Anspruch auf soziale Absicherung. Der STERN hat es mal durchgerechnet:
Ein Geschäftsführer kaufte ein 4.8 Hektar großes Anwesen inclusive eines Wäldchens von 6.450 qm für 114.130 Mark.
Bar bezahlte der Mann gerade mal 5.000 Mark, den Rest finanzierte er mit einer jährlichen Belastung von 7.802 Mark. Da er die Zinsen steuermindernd absetzt und vom Finanzamt eine saftige Summe zurückbekommt, bleiben 5.000 Mark pro Jahr übrig. Doch damit nicht genug. Fast 2.000 Mark bringt ihm pro Jahr der Bewirtschaftungsvertrag, den er mit einem Bauern abgeschlossen hat.
Hätte er also immer noch 3.000 Mark Kosten, doch nach dem Gesetz ist er nun bäuerlicher Unternehmer und darf in die landwirtschaftliche Kranken- und Alterskasse. Als Privatversicherter hat er bisher jährlich rund 7.000 Mark für die Krankenversicherung aufbringen müssen, jetzt sind das nicht einmal mehr ganz 2.000 Mark. Die Rentenversicherung, in die er den Pauschalbetrag von 220 Mark monatlich einzahlt, ist ebenfalls weitaus rentabler als andere, denn auch sie wird subventioniert. Unter Berücksichtigung aller Kosten braucht der Ackerkäufer also nur rund 74 Mark pro Monat aufbringen. Dafür ist das schöne Stück Land in 25 Jahren abbezahlt und die billigere Krankenversicherung, sowie die Zusatzrente helfen auch dies noch zu versüßen. Für Leute, die 5.000 Mark haben, ist das Beispiel sehr empfehlenswert.!!!

Entschädigung nach dem Atomgesetz

Nach Tschernobyl ist es gar nicht mehr so unwahrscheinlich, daß demnächst immer mehr Kläger den § 38 des Atomgesetzes zitieren müssen. »§ 38 AtomG gewährt einem in der Bundesrepublik Deutschland durch ein nukleares Ereignis Geschädigten einen Anspruch auf ›Ausgleich‹ seines Schadens durch den Bund bis zum Höchstbetrag von 1 Milliarde Mark.« Das gilt auch, wenn der Schaden von einer ausländischen Kernanlage verursacht wurde.

Doch wie ist es, wenn frau aufgrund von Radioaktivität eine Fehlgeburt erleidet? (Aus der Frankfurter Rundschau):

Bei einer Fehlgeburt unter 1000 Gramm gibt es keinen Totenschein

Kind gehört der Klinik / Keine Bestattung / Elterninitiative: Stellenwert einer amputierten Zehe

Schulden

Wer Sorgen hat, hat auch Likör. Aber wer Schulden hat, hat oft gar nichts mehr, was ihm helfen könnte. Wir können da nur auf einige Instanzen verweisen, die bisher recht gut gearbeitet haben (wir wissen das nur vom Hörensagen, denn die sagenhaften Autorenhonorare haben uns bisher vor Schulden bewahrt). Dennoch, wem die Schulden bis zum Kragen stehen, sollte sich, bevor er etwas Unüberlegtes tut, an eine der folgenden Schuldenberatungsstellen wenden.

BERLIN Diakonisches Werk e.V., Beratungsstelle für Überschuldete, Wilhelmsaue 39, 1000 Berlin 31, Tel. 030/8218078. **HAMBURG** Bezirksamt Hamburg-Mitte, Schuldnerberatungsstelle, Pumpen 17, 2000 Hamburg 1, Tel. 040/33972 21 97. **KIEL** Lichtblick e.V., Gemeinnütziger Verein zur Beratung von Schuldnern, Eggerstedtstraße 11a, 2300 Kiel, Tel. 0431/96919. **HANNOVER** Caritas-Verband, Leibnitzufer 13–17, 3000 Hannover 1, Tel. 0511/327011. **KASSEL** Schuldner- und Verbraucher-Schutz e.V., Gottschalkstraße 51, 3500 Kassel, Tel. 0561/893099. **DÜSSELDORF** Sozialdienst katholischer Frauen und Männer e.V., Ulmenstraße 67, 4000 Düsseldorf 30, Tel. 0211/46960. **ESSEN** Verein Schuldnerhilfe e.V., Beratungsstelle, Pferdemarkt 5, 4300 Essen 1, Tel. 0201/238534. **DORTMUND** Stadt Dortmund, Sozialamt, Luisenstraße 11–13, 4600 Dortmund 1, Tel. 0231/5421. **KÖLN** Amt für Diakonie, Schuldnerberatungsstelle, Brandenburger Straße 23, 5000 Köln 1, Tel. 0221/160380. **FRANKFURT** Sozialamt, Beratungsstelle für wirtschaftliche Haushaltsführung, Berliner Str. 33–35, 6000 Frankfurt 1, Tel. 069/2126970–72. **SAARLOUIS** Schuldnerberatungsstelle der Arbeiterwohlfahrt, Vaubanstraße 21, 6630 Saarlouis, Tel. 06831/42005. **LUDWIGSHAFEN** Sozialamt Ludwigshafen, Schuldnerberatung, Europaplatz 1, 6700 Ludwigshafen, Tel. 0621/5042659. **STUTTGART** Deutscher Familienverband, Schuldnerberatung, Esslinger Str. 14, 7000 Stuttgart 1, Tel. 0711/233292. **MÜNCHEN** Sozialreferat, Schuldnerberatung, Orleansplatz 11, 8000 München 80, Tel. 089/2331.

Kurzfristige Kredite
Ein kleiner Tip am Rande: wer für sehr kurze Zeit (ein bis zwei Wochen) einen Überbrückungskredit braucht, sollte sich einmal über das Rücktrittsrecht bei Kundenkreditverträgen informieren.

Gebührenbefreiung für Funk und Fernsehen
Vergünstigung im Fernmeldeverkehr

Wer monatlich mit seinen Einkünften nur etwa 200 Mark über dem Sozialhilfesatz liegt, kann sich von den Rundfunkgebühren befreien lassen.
Das gleiche gilt für:

- Hörgeschädigte
- Blinde und Sehbehinderte
- Schwerbehinderte (80%), die nicht an öffentlichen Veranstaltungen teilnehmen können
- Empfänger von Hilfe zur Pflege, selbst wenn ihr Einkommen über dem Sozialhilfesatz liegt.

Die Anträge sind beim Sozialamt zu stellen und gelten längstens für die Dauer von drei Jahren.
Danach muß erneut ein Antrag gestellt werden.
Wer diese Voraussetzungen erfüllt, kann auch bei der Post einen Antrag auf Gebührenvergünstigung aus sozialen Gründen stellen.
Das ermäßigt sowohl den Neuanschluß als auch die monatliche Grundgebühr.
Bei den laufenden Gebühren werden Behinderten auf Antrag Gratiseinheiten gewährt.
Bafögempfänger ohne zusätzliches Einkommen haben in der Regel keine Probleme, in den Genuß dieser Vergünstigungen zu kommen. Sie müssen dem Sozialamt hierfür nur ihren Bafögbescheid und eine Mietkostenbescheinigung vorlegen.

Kostenlose Rechtsberatung und Prozeßkostenhilfe

Wer sich weder eine Rechtsschutzversicherung noch einen Anwalt leisten kann, verzichtet oft auf einen durchaus aussichtsreichen Rechtsstreit. Bevor es zu einem Prozeß kommt, sollte man sich Beratungshilfe durch einen Rechtspfleger beim Amtsgericht oder einen Rechtsanwalt holen. Antragsformulare für die Beratungshilfe liegen bei den Amtsgerichten aus. Aufgrund dieses Antrags wird dann geprüft, ob man die persönlichen und wirtschaftlichen Voraussetzungen für die Hilfe erfüllt. Beratung und/oder außergerichtliche Vertretung wird für diese Rechtsgebiete geboten:

- Zivilrecht (aber nicht Arbeitsrecht)
- Verwaltungsrecht
- Verfassungsrecht
- Strafrecht (nur Beratung)
- Ordnungswidrigkeitsrecht (nur Beratung)

Anspruch auf Beratungshilfe hat ein Alleinstehender, der weniger als 850 Mark im Monat an Einkommen hat.

Der Betrag erhöht sich mit einer unterhaltsberechtigten Person auf 1.300 Mark. Für jede weitere Person (z.B. Kinder) kommen jeweils 275 Mark hinzu.

Die Beratung durch den Rechtspfleger ist kostenfrei. Falls es zu einer weitergehenden Beratung oder einer außergerichtlichen Vertretung kommen sollte, muß ein Rechtsanwalt eingeschaltet werden. Bei Vorlage einer vom Rechtspfleger ausgestellten Berechtigungsbescheinigung wird fast jeder Anwalt in Aktion treten.

Kommt es dann zu dem Rechtsstreit, braucht man sich keine großen Sorgen zu machen, denn dafür gibt es die Prozeßkostenhilfe. Vom Gericht wird zuvor allerdings geprüft, ob der Prozeß Aussicht auf Erfolg hat.

Ist man soweit gediehen, kann es sein, daß man zunächst auf das Ersparte zurückgreifen muß. Zumutbar sind z.B. für Alleinstehende die Ersparnisse, die über 4.000 Mark liegen. Darüber hinaus richtet sich die Prozeßkostenhilfe nach der Höhe des Nettoeinkommens.

Die Bewilligung der Prozeßkosten bewirkt die vollständige Befreiung

von den Gerichtskosten, auch Kosten für Zeugengelder, Sachverständige, Gerichtsvollzieher etc.
Die eigenen Anwaltskosten braucht man ebenfalls nicht zu zahlen, doch bei verlorenem Prozeß die Kosten des Gegners.
Infomaterial gibt es bei:
Bundesministerium der Justiz
Postfach 200650
5300 Bonn 2

Prozeßkostenhilfe
wird nicht gewährt, wenn der Antragsteller grob fahrlässig sein Vermögen derart vermindert hat, daß er deswegen Schwierigkeiten bei der Aufbringung der Prozeßkosten hat, meinte das OLG Karlsruhe.

Post und Bahn

Nachgebühren
Die Nachgebühr für eine (oft unerwünschte) Sendung muß der Empfänger keineswegs zahlen. Es ist eine rein freiwillige Leistung. Erst nach dem Absender fragen und gegebenenfalls die Annahme verweigern.

»Verbundfahrscheine gelten nicht«
In Verkehrsverbünden kommt es oft vor, daß gerade die schnelleren Züge für Pendler gesperrt sind. Wer es eilig hat, löst einen regulären Fahrschein bis zum ersten Bahnhof jenseits des Verbundgebiets (z.B. nach Darmstadt Süd statt nach Darmstadt HBF) und zahlt dafür in den Spitzenzeiten oft weniger als für einen Verbundfahrschein.

After Sales Service
Die neue Bahn legt zumindest in ihren Anzeigen mehr Wert auf den Dienst am Kunden. Unbenutzte Fahrscheine kann man entweder bei der Erstattungsstelle zurückgeben (ein teures und bürokratisches Verfahren), oder aber am Fahrkartenschalter schlicht umtauschen, was keinerlei Gebühren kostet.
Weil das Postgiroamt Konten verwechselte, bekam ein Mieter die fristlose Kündigung. Der Hausbesitzer hatte behauptet, er habe die Miete nicht pünktlich bekommen. Das Gericht stellte fest: der Mieter ist nicht für die Fehler des Amtes verantwortlich (LG Berlin 1988).

Schöne Aussichten
Das Oberverwaltungsgericht Koblenz gab einem Kläger recht, dem die Post eine Telefonzelle nur einen Meter von seinem Wohnzimmerfenster entfernt, vor die Nase gestellt hatte.
Das Ding mußte wieder weg!

Parken vor der Post
»Auto vorm Amt abgeschleppt – Post muß zahlen
Bielefeld. – Ein Autofahrer stellte seinen Wagen vor einem Postamt auf einem Platz ab, auf dem Parken 30 Minuten erlaubt ist. Nach 45 Minuten ließ die Post das Fahrzeug abschleppen, obwohl der Parkplatz fast leer war. Kosten: 80 Mark. Der Kunde bezahlte, beschwerte sich

beim Petitionsausschuß des Bundestages. Der entschied: Ein Zeitlimit von 30 Minuten ist willkürlich, am Postschalter muß man manchmal viel länger warten. Außerdem ist es nicht gerechtfertigt, den Wagen von einem leeren Parkplatz abzuschleppen. Postminister Schwarz-Schilling (58, CDU) muß die Abschleppkosten erstatten.« (Bild, Januar 1989)

Haftungspflicht

Die Bundespost hat grundsätzlich eine Haftungspflicht für alle ihr anvertrauten Sendungen, die aber begrenzt ist. Verschlampt sie allerdings einen ordnungsgemäß ausgefüllten Nachsendungsantrag, gelten die allgemeinen Schadenersatzregelungen für Pflichtverletzung durch die öffentliche Hand. Somit haftet die Post für den entstandenen Schaden in voller Höhe. Urteile wie dieses sind mit Vorsicht zu genießen, denn der Post ist es meist gelungen, das Posthorn aus der Schlinge zu ziehen. In einigen Fällen wurden kleine Beamte, denen eine grobe Verletzung der Sorgfaltspflicht nachgewiesen werden konnte, in Regress genommen. Außerdem hat die Post (und so steht es auch im Postgesetz) es stets abgelehnt, eine Haftung für normale Brief- und Paketsendungen zu übernehmen. Bei Wertbriefen etc. sieht das anders aus.

Rufnummeränderungen

Im Rahmen der Ermessensentscheidung gemäß Fernmeldeordnung (§ 5) obliegt es der Deutschen Bundespost, gravierende wirtschaftliche Folgen einer notwendigen Rufnummeränderung zu berücksichtigen.
Kommt für eine Rufnummeränderung eine von mehreren Teilnehmergruppen in Betracht, so darf sich die Auswahl nicht ausschließlich an der Anzahl der jeweils betroffenen Fernsprechanschlüsse orientieren (VG Kassel).
Eine Taxizentrale mit vier Anschlüssen sollte neue Rufnummern bekommen, das hätte zu Umsatzeinbußen geführt. Der Widerspruch der Taxileute bei der Post blieb erfolglos, doch die Klage vor Gericht hatte Erfolg.

Wenn der Postmann klingelt...

FRANKFURT A. M., 20. Februar (Reuter/AP). An die 3000 Postbeamte werden in der Bundesrepublik jährlich von Hunden attackiert und verletzt. Die Beißlust der Vierbeiner nimmt dabei nach Feststellungen der Bundespost in der zweiten Jahreshälfte aus unerfindlichen Gründen zu. So ist für die Bundespost das Ergebnis von 1300 zwischen Januar und Juli 1988 gebissenen Postlern noch kein Anlaß zur Entwarnung. Das teilte der Bundestagsabgeordnete Dieter Weirich (CDU) als Antwort der Bundesregierung auf eine Anfrage am Montag mit.

In den vergangenen viereinhalb Jahren seien etwa 13 500 Postbeamte von den Vierbeinern verletzt worden, hieß es in der Antwort der Bundesregierung. Etwa 90 Prozent der Opfer seien Briefträger gewesen. Eine Sprecherin des Postministeriums konnte allerdings keine Erklärung für die statistisch belegte Zunahme der Hundebisse in der zweiten Jahreshälfte geben.

Mein persönlicher Lieblingsfall (anstelle eines Schlußwortes):

Ein Mann hatte in einer mündlichen Verhandlung vor dem Familiengericht die familienrechtlichen Bestimmungen mehrfach als »Scheißgesetz« bezeichnet. Obwohl er bereits beim ersten Mal darauf hingewiesen wurde, daß ein solches Verhalten eine Ordnungsstrafe nach sich ziehen könne, blieb er bei seiner Überzeugung und lehnte auch am Schluß der Verhandlung die ihm angeratene Entschuldigung ab. Gegen das ihm auferlegte Ordnungsgeld klagte er erfolgreich, denn er fand intelligente Richter, die sich mit »Scheißgesetzen« auskennen. Die Begründung dieser netten Robenträger: »Auch die mehrfache Benutzung des Wortes ›Scheißgesetz‹ in der mündlichen Verhandlung ist keine Ungebühr ... vielmehr ging es dem Antragsteller allein darum, in, wenn auch derber Weise, seine Empfindungen über die ihm unverständliche und von ihm nicht akzeptierte Gesetzeslage zum Ausdruck zu bringen.«
Gesetze sind eben meist nur insoweit »Scheiße«, wie sie von »furchtbaren« Juristen ausgelegt werden, das ändert natürlich nichts an der Tatsache, daß es eine Menge überflüssiger Vorschriften gibt.

Gericht muß Nachporto zahlen
Ein Gericht muß auch einen unzureichend frankierten Brief annehmen. Denn eine Annahmeverweigerung verstößt gegen das Rechtsstaatsprinzip. Eine Frau hatte ihren Brief mit einem Berufungsantrag unzureichend frankiert. Das Verwaltungsgericht hatte die Annahme verweigert und nicht bestätigen wollen, daß die Berufungsfrist eingehalten worden sei. Zu Unrecht (VGH Baden-Württemberg 1988).

Interessante neue Gerichtsurteile und Rechtsfragen

Einen Verlag, der Ratgeber produziert, erreichen im Laufe der Zeit jede Menge Anfragen. Da wir keine juristische Beratung durchführen können, haben wir einige Rechtsfälle und Urteile zusammengestellt, die nicht nur staatliche Behörden, sondern auch andere Institutionen betreffen.

Versicherungen

Haftungsbeschränkungen
Wer glaubt, gut versichert zu sein, wird immer wieder Überraschungen erleben. Eine Versicherung gegen Blitzeinschlag beispielsweise deckt nur die direkten Schäden. Hat der Blitz hingegen außerhalb des Hauses eingeschlagen und so durch Überspannung sämtliche an die Stromversorgung angeschlossene Geräte zerstört, zahlt die Versicherung nichts.
Der Rechtsschutz zahlt niemals Geldstrafen und gewährt bei vorsätzlichen Straftaten wie z.B. Fahrerflucht keinen Versicherungsschutz.

Laufzeiten
Nach dem Allgemeinen Geschäftsbedingungen-(AGB)Gesetz sind Verträge mit einer längeren Laufzeit als zwei Jahre verboten. Dieses Verbot gilt aber nicht für Versicherungen. Hausrats- oder Haftpflichtversicherungen beispielsweise kann man aber immer zum Ende des laufenden Versicherungsjahres kündigen, wenn kein Schaden zur Regulierung gemeldet wird.
Eine Teilkaskoversicherung kann zu jedem Fälligkeitstermin geändert werden.
Eine Erhöhung der Versicherungssteuer berechtigt nicht nur Kündigung des Vertrages.
Lebensversicherung mit einer langen Laufzeit können auf Antrag auf das 65. Lebensjahr heruntergestuft werden. Möglich ist auch eine vorzeitige Kündigung ab dem 60. Lebensjahr, wenn die Versicherung innerhalb der nächsten fünf Jahre enden würde. Dann werden nur die bis dahin eingezahlten Beiträge angerechnet.

Todesfälle
Todesfälle müssen dem Unfallversicherer innerhalb von 48 Stunden gemeldet werden. Wer es vergißt, sollte unbedingt auf Schockwirkung plädieren, denn dann liegt kein »schuldhaftes Versäumen« vor und die Versicherung muß zahlen.

Fahrräder
Fahrräder sind nur dann in der Hausratsversicherung mitversichert,

wenn diese vor 1985 abgeschlossen wurde, und nur noch bis maximal 500 Mark.
Zwischen 22 Uhr und 6 Uhr ist der Versicherungsschutz für außerhalb der Wohnung befindliche Sachen (wie Fahrrad oder Auto) eingeschränkt.

Verkehrsopferhilfe
Wenn die Versicherung einen Schadensfalls nicht übernimmt, weil sich der Schädiger durch Unfallflucht entzogen hat, springt unter bestimmten Voraussetzungen die Verkehrsopferhilfe, Glockengießerwall 1, 2000 Hamburg, Tel. 040/32 10 70 ein. Sie beteiligt sich beispielsweise an Schäden über 1.000 Mark (Wenn z.B. bei dem Unfall eine wertvolle Kamera zu Bruch gegangen ist, die im Wagen lag) und leistet bei Personenschäden in schwereren Fällen auch Schmerzensgeldzahlungen.

Alkohol am Steuer
Ein Mann muß sich auf das Versprechen seiner Frau, sie werde während einer Feier nichts trinken, verlassen können. Der Mann hatte sich von seiner angeblich nüchternen Frau nach Hause fahren lassen. Dabei rammte sie mit 1,74 Promille einen Wagen. Die Versicherung lehnte es ab zu zahlen, da der Mann grob fahrlässig gehandelt habe. Zu Unrecht: der Mann durfte sich auf das Versprechen seiner sonst zuverlässigen Frau verlassen (OLG Hamm 1988).

Ohne Brille am Steuer
Versicherungen unterscheiden bei einem Autounfall, den ein Brillenträger ohne die sonst übliche Brille verursacht, ob er erstmalig ohne Brille fuhr oder dies wiederholt getan hat. Beim ersten Mal muß die Versicherung zahlen, ansonsten ist sie nach gültiger Rechtsprechung von der Leistung befreit.

Banken, Konten usw.

Gutschriften

Bareinzahlungen am Schalter müssen seit 1989 noch am selben Tag gutgeschrieben werden.

Der VGH Kassel urteilte: »Die §en 55 I SGB-AT, 394 BGB lassen es nicht zu, daß das Postgiroamt innerhalb der in § 55 I-AT genannten 7-Tage-Frist Geldleistungen, die auf dem Postgirokonto gutgeschrieben werden und unter die Vorschriften des Sozialgesetzbuches fallen, mit einem auf dem Konto als Folge einer Überziehung bestehenden Debetsaldo verrechnet und daher (ganz oder teilweise) einbehält.«

Merke: Die Arbeitslosenunterstützung muß auch in voller Höhe ausgezahlt werden, wenn sie im Minus verschwunden ist.

Wucherzinsen

Das OLG Düsseldorf urteilte: »Eine Klausel, die der Bank Verzugszinsen von 1,8 Prozent pro angefangenen Monat des jeweilig fälligen Beitrags zuspricht, verstößt gegen § 11 Nr. 5a AGB-Gesetz und ist unwirksam.«

Solche Klauseln verstoßen außerdem gegen das Zinseszinsverbot (§ 289 S. 1 BGB).

Haftung bei Scheckbetrug

Eine Bank löste einen gestohlenen und mit gefälschter Unterschrift versehenen Scheck in Höhe von 28.000 Mark ein. Der Kontoinhaber klagte auf die Hälfte der Summe, da die Bank bei der Höhe des Schecks Rückfrage bei ihm hätte nehmen müssen. Das OLG Düsseldorf gab dem Kläger recht: »Die kontoführende Zweigstelle der bezogenen Bank verletzt in der Regel ihre Prüfungspflicht, wenn sie einen nach den bisherigen Gepflogenheiten des Kontoinhabers außergewöhnlich hohen Barscheck an einen ihr unbekannten Einreicher in bar auszahlt, ohne zuvor bei dem Kontoinhaber telefonisch nachzufragen oder sich wenigstens den Personalausweis des Scheckinhabers zur Personalienfeststellung vorlegen zu lassen.

Zu einem ähnlich gelagerten Fall urteilte das OLG Hamm ganz anders: »Die kontoführende Bank ist bei der Einlösung eines gefälschten Bar-

schecks (Euroscheck ohne Scheckkartennummer) über 5.800 Mark zur Überprüfung der Identität des ihr nicht bekannten Scheckeinreichers grundsätzlich nur dann verpflichtet, wenn andere Anhaltspunkte für eine Fälschung gegeben waren.«
Das AG Osnabrück stellte fest: »Die kontoführende Bank haftet bei der Einlösung gefälschter Schecks bereits bei leichter Fahrlässigkeit. Der zur Überprüfung eingereichter Schecks zuständige Bankangestellte muß mit den einfachsten Kriterien für die Beurteilung einer Schriftprobe vertraut sein.
Die Haftung der Bank für die Einlösung eines gefälschten Schecks tritt zurück, wenn es der Kunde unterlassen hat, die Bank auf zwei Monate zurückliegende unberechtigte Belastungen seines Girokontos aufmerksam zu machen.«

Bausparverträge
Das OLG Karlsruhe: »Die von einer Bausparkasse gegenüber einem Darlehensnehmer in der Sicherungsabrede einer Grundschuld enthaltene Klausel, daß die Grundschuld zur Sicherung aller Forderungen der Bausparkasse gegen Schuldner und Eigentümer aus jedem Rechtsgrund dient, benachteiligt den Sicherungsnehmer unangemessen und ist unwirksam.«

Fakultativklausel
Der BGH: »Die den Kreditinstituten in den Überweisungsvordrucken formularmäßig eingeräumte Befugnis, den Überweisungsbetrag einem anderen Konto des Empfängers als dem angegebenen gutzuschreiben (Fakultativklausel), benachteiligt den Überweisungsauftraggeber entgegen den Geboten von Treu und Glauben unangemessen und ist deshalb gemäß § 9 AGB-Gesetz unwirksam.«

Tilgungsverrechnungsklausel
Der Bundesgerichtshof entschied: Die sogenannte Tilgungsverrechnungsklausel ist unwirksam. In Zukunft müssen alle Banken die Zinsen und Tilgungsraten ihren Kunden monatlich oder vierteljährlich gutschreiben. Bisher wurden von vielen Banken Ratenzahlungen eines Kunden erst zum Jahresende seinem Schuldkonto gutgeschrieben. Das Urteil betrifft Verträge über Hypotheken und Bauspardarlehen, die nach dem 1.4.77 abgeschlossen wurden. Wurden Kredite nach der nun verbotenen Tilgungsberechnung abgerechnet, können Bankkunden Geld zurückverlangen.

Sie müssen ihre Ansprüche bei der Bank lediglich schriftlich anmelden und sich auf das Urteil berufen. Weigert sich die Bank dennoch, zuviel gezahlte Zinsen gutzuschreiben, sollte man die Gerichte anrufen.

Schlamperei
Bei einer Sorgfaltspflichtverletzung haftet die Bank. Ein Mann wollte seiner Tochter den Erbteil überweisen, hatte aber ihre Kontonummer nicht parat. Die Bank versprach die Nummer einzusetzen. Das Geld landete jedoch auf dem Geschäftskonto des Schwiegersohns, der einige Zeit später pleite ging. Die Bank mußte Vater und Tochter den Schaden ersetzen.

Versicherungsbeginn
Wer eine Versicherung abschließt, sollte die erste Prämie unbedingt sofort nach Übersendung des Versicherungsscheins zahlen. Kommt er dieser Pflicht nicht nach, wird die Versicherung im Schadensfall von der Leistung befreit. Sie muß auch nicht zahlen, wenn die Erstprämie nachträglich überwiesen wurde.

Pfändung
Ein Überziehungskredit ist nicht pfändbar, urteilte das LG Lübeck.

Schöne neue Welt: Die Scheckkarte im Urteil deutscher Gerichte
Ein Kontoinhaber, der mit einer Euroscheckkarte ausgerüstet war, hatte, obwohl sein Konto überzogen war, insgesamt noch 5.600 Mark an diversen Geldautomaten gezogen. Ein Amtsgericht verurteilte ihn daraufhin wegen fortgesetzten Diebstahls und Betrugs zu einer Freiheitsstrafe von einem Jahr.
Glücklicherweise war die höhere Instanz vernünftiger: »Ein Kontoinhaber, der durch Abhebung vom Geldautomaten mittels Codekarte sein eigenes Konto überzieht, ist nicht wg. Diebstahls strafbar ... er kann auch nicht wegen Verletzung anderer Straftatbestände schuldig gesprochen werden (OLG Schleswig).
Noch besser formulierte in einem ähnlichen Fall das Amtsgericht Hamburg: »... Betrug setzt eine Täuschungshandlung voraus. Getäuscht werden können aber nur Menschen, nicht aber Maschinen wie Geldautomaten.«
Ein echter Hammer, der bei den meisten auf Unverständnis stoßen wird, ist ein Code-Karten-Urteil des Amtsgerichts Stuttgart. Der Ange-

klagte hatte sich mit einem Trick die Geheimnummer seiner Freundin beschafft und mit ihrer Scheckkarte insgesamt 9.500 Mark abgehoben. Die Bankomat-Karten-Versicherung der Freundin ersetzte 7.500 Mark, so daß ihr noch ein Schaden von 2.000 Mark blieb. Die Stuttgarter Richter: »Die Wegnahme und unbefragte Benutzung einer Geldautomaten-Codekarte in der Absicht, diese wieder dem Berechtigten zurückzugeben, ist nicht strafbar ... (Es) handelt sich um einen sogenannten (straflosen) ›Gebrauchsdiebstahl‹ ... Hinsichtlich der Entnahme des Geldes aus dem Bankomat liegt ebenfalls kein Diebstahl vor, weil keine Wegnahme im Sinne des §en 242 StGB vorliegt ... Der Automat wurde vom Angeklagten ordnungsgemäß betätigt und hat deswegen das Geld auch »freiwillig« dem Angeklagten gegeben ..., andere Vorschriften, aus denen der Angeklagte sich strafbar gemacht haben könnte, scheiden ebenfalls aus.«

Anmerkung des Herausgebers: Dieses Urteil wurde nicht am 1. April gefällt. Es stammt vom 19.2.86 und das Amtsgericht Stuttgart hat damit ein Zeichen gesetzt. Während Eierdiebe mit der vollen Härte des Gesetzes gestraft werden, gehört der Scheckkartenbetrug wohl zu den Kavaliersdelikten.

Finanzamt

Besondere Aufwendungen

Wer sein Kind in eine Spezialklinik verlegen muß und aus diesem Grund höhere Fahrtkosten hat, kann diese von der Steuer absetzen. Das Finanzgericht Köln hat bei einem Paar sogar Flugtickets anerkannt.

Leistungen an Verwandte in der DDR werden nur berücksichtigt, wenn sie dem Lebensunterhalt dienen, in der Hauptsache also Lebensmittel und Kleidung. Die Finanzämter sind jedoch angewiesen, großzügig auszulegen, so daß auch Küchenmaschinen und ähnliches Gerät berücksichtigt werden.

Wenn das Finanzamt die Unterstützung von Verwandten im Osten mit der Begründung, sie seien »zumutbar« steuerlich nicht anerkennen will, muß man Widerspruch einlegen. Für Unterhaltsleistungen ist das Kriterium der »Zumutbarkeit« irrelevant.

Ein Arbeitnehmer, der am Arbeitsort ein Zimmer bewohnt, kann in den Wochen, in denen er nicht zu seiner Familie fährt, ohne weiteren Nachweis ein Telefongespräch von 15 Minuten Dauer – plus anteiliger Grundgebühr – steuerlich geltend machen (Bundesfinanzhof).

Parteispenden

Parteispenden ermäßigen die Einkommenssteuer um 50 % der Spende (höchstens um 600 Mark bei Ledigen und 1.200 Mark bei Verheirateten). Neu ist seit 1989, daß dies nicht mehr nur für die großen Parteien gilt, sondern auch für kleine, unabhängige Wählervereinigungen.

Widerspruchsfristen

Bußgeld- oder Steuerbescheide, die man nach dem Urlaub im Briefkasten findet, bleiben auch dann anfechtbar, wenn die Fristen schon abgelaufen sind.

Der Empfänger muß dann unter Angabe des Grundes und der Dauer seiner Abwesenheit die »Wiedereinsetzung in den vorigen Stand« beantragen. Die Fristen für diese Anträge betragen dann ab Rückkehr einen Monat für Steuereinspruch und eine Woche bei Bußgeldeinspruch sowie zwei Wochen bei sonstigen Behördenentscheidungen. Man sollte innerhalb dieser Zeitspannen nicht nur die »Wiedereinsetzung« beantragen, sondern auch den Einspruch selbst abgeben.

Auslandsreise-Krankenversicherungen
sind als Sonderausgaben steuerlich absetzbar, nicht aber Reisegepäck- und Rücktrittsversicherungen.

Haushalts- oder Putzhilfen
Das Finanzamt beteiligt sich auch jetzt schon an den Kosten für eine angestellte Hausgehilfin oder auch einer Putzfrau ohne Arbeitsvertrag, sofern ein Ehepartner das 60. Lebensjahr erreicht hat. Bei Jüngeren, wenn sie mindestens zu 45 % körperbehindert sind. 1.200 Mark kann man als außergewöhnliche Belastung absetzen. Die Lohnsteuer für die Haushaltshilfe kann man mit zehn Prozent pauschalieren. Der Lohn der Hilfe bleibt dann ohne Steuerabzug. Das ist besonders günstig, wenn sie ein zusätzliches Einkommen hat.

Schmerzensgelder
sind in voller Höhe steuerfrei.

Pfändung
Auch Renten können teilweise gepfändet werden.

Körperbehinderte
Einem Körperbehinderten wird im Zusammenhang mit einem Kuraufenthalt nicht nur der übliche Pauschbetrag für außergewöhnliche Belastungen gutgeschrieben, er kann außerdem noch die Kurkosten absetzen. Das mit den Kurkosten klappt aber nur, wenn vor Beginn der Kur ein amtsärztliches Attest ausgestellt wurde. Ein nachgeschobenes vom Hausarzt erkannte das oberste Steuergericht nicht an.
Beinamputierte Arbeitnehmer, die ihren Beruf nur mit Hilfe des Autos ausüben können, dürfen die gesamten damit verbundenen Kosten von der Steuer absetzen.

Zerrüttung
Bei einer Trennung ohne Scheidung verweigert der Partner oft die Unterschrift auf der gemeinsamen Steuererklärung. Sollten dem anderen Partner dadurch Steuervorteile entgehen, muß der Verweigerer möglicherweise dafür aufkommen. Das Landgericht Ulm formulierte es so:
Die Frau ist verpflichtet, die Abgaben des Ehemanns niedrig zu halten, sofern sie dadurch nicht selbst benachteiligt wird.

Erbschaft
Wer erbt, erbt auch die Steuerschulden des Erblassers mit. Bis zu zehn Jahren rückwirkend schlägt das Finanzamt zu.

Kreditkarten
Wer seine Kreditkarten fast ausschließlich für die Bewirtung von Gästen (wer in Kneipen ohne Kreditkartenakzeptanz geht, ist selbst schuld) oder auf Geschäftsreisen benutzt, kann die Jahresgebühren von der Steuer absetzen.

Steuerhinterziehung
Das Finanzamt geht in aller Regel auch anonymen Anzeigen wegen Steuerhinterziehung nach.

Rund ums Auto

»Die Kilometerpauschale«

Mit der Kilometerpauschale von 0,36 DM pro Kilometer einfacher Entfernung (für 1989: 0,43 DM und ab 1990: 0,50 DM) zwischen Wohnung und Arbeitsstätte sind die folgenden Kosten abgegolten:

- Abschreibung (normal 25% des Kaufpreises),
- Treibstoff- und Ölkosten,
- Inspektions- und Reparaturkosten,
- Pflegekosten,
- Kfz-Steuer,
- Kfz-Versicherungen (Voll- bzw. Teilkasko),
- Insassen-Unfallversicherung,
- Fahrzeug-Rechtsschutzversicherung,
- Automobilclub-Beitrag,
- Kosten für eigene oder gemietete Garage,
- Parkplatzgebühren,
- Kreditzinsen für Anschaffungsdarlehen.

Über die im allgemeinen nicht kostendeckende Kilometerpauschale hinaus erkennt Ihr Finanzamt Nebenkosten, zum Beispiel Straßenbenutzungsgebühren und Brückengelder, als Fahrtkosten an. Zusätzlich können Sie in außergewöhnlichen Fällen unter Umständen auch absetzen:

- Unfallkosten,
- Aufwendungen für einen Austauschmotor,
- Fahrzeugbeschädigung/Diebstahl.

Die Prämien für die Kfz-Haftpflicht- und eine Unfallversicherung können Sie als Sonderausgaben geltend machen.

Wer ab und zu seinen Wagen stehen läßt und Taxi fährt, kann statt der 43 Pf. pro Kilometer die Taxikosten (Quittung geben lassen) absetzen.

Ab 1990 wird der Anteil auf bis zu 35 % der Autokosten heraufgesetzt. Selbständige sollten ab sofort mit einem Fahrtenbuch beginnen, denn wer nachweisen kann, daß er weniger privat fährt, kann mehr abschreiben.

Unfallkosten bei einer Fahrt zur Arbeit können, zusätzlich zur Kilometerpauschale von 43 Pf., voll abgesetzt werden.

Wer schuldlos in einen Unfall verwickelt wird und von der gegneri-

schen Versicherung Geld bekommt, darf nicht vergessen, daß der Posten Schmerzensgeld steuerfrei ist.
Natürlich treten Defekte an ihrem Wagen nur zwischen Wohnung und Arbeitsplatz auf. Sollte das Auto dann auch noch fast neuwertig sein (unter 3 Jahre alt), kann man die Reparatur als Werbungskosten absetzen.
Wer außerhalb der Arbeitszeit dringend in die Firma muß, macht eine zusätzliche Fahrt, die steuerlich 84 Pf. pro km bringt.
Fahrgemeinschaften können die zusätzlichen Kilometer, die nötig sind, um Kollegen aufzunehmen, in die Kilometerpauschale einbeziehen.
Wer vom Arbeitgeber weniger als 42 Pf. pro km bekommt, kann die Differenz als Werbungskosten beim Lohnsteuerjahresausgleich angeben.

Pech auf der Dienstreise

Bei der Beschädigung eines Wertgegenstandes ist es von Bedeutung, ob es sich um privat oder beruflich genutztes Eigentum handelt. Wird ein Auto beschädigt, das einem zwar privat gehört, aber für eine Dienstreise benutzt wird, dann kommt für eine durch Reparatur nicht mehr zu beseitigende Wertminderung eine steuerliche »Absetzung wegen außergewöhnlicher technischer Abnutzung« in Frage. Eine solche Wertminderung kann man auch dann bei der Steuerschuld berücksichtigen, wenn das Fahrzeug gestohlen und vom Dieb »mißhandelt« wurde (Finanzgericht Münster 1988).

Fahrtkosten zwischen Wohnung und Wohnung

Wer Heimarbeit nicht in seiner eigenen Wohnung sondern im eigenen Arbeitsraum bei den Eltern erledigt, kann die Fahrtkosten von der Steuer absetzen. Das Finanzgericht Baden-Württemberg meinte: Aufwendungen eines Unternehmers für Fahrten zwischen Niederlassungen seines Betriebs sind abzugsfähig. Also hat das auch für die Aufwendungen des Arbeitnehmers zu gelten.

§ 906 BGB oder die Grenze der Belastbarkeit

Entschädigung wegen Verkehrsimmissionen von einer öffentlichen Straße

Eine Bundesstraße wurde drei Meter am Grundstück des Klägers vorbeigeführt. Er klagte auf Wertminderung seines incl. Gebäude fast 900.000 Mark wertvollen Grundstücks. Das Landgericht sprach ihm eine Entschädigung von 140.000 Mark zu, das Oberlandesgericht gar 195.000 Mark.

Nach der neueren Rechtsprechung steht dem Betroffenen ein rechtlicher Anspruch auf Entschädigung zu, wenn Verkehrsimmissionen von hoher Hand, deren Zuführung nicht untersagt werden kann, sich als unmittelbarer Eingriff in nachbarliches Eigentum darstellen und die Grenze dessen überschreiten, was ein Nachbar nach § 906 BGB entschädigungslos hinnehmen muß (Hessen).

Auf § 906 berief sich auch ein anderer Kläger, der im Einzugsbereich eines Militärflughafens unter einer unzumutbaren Lärmbelastung litt. Auch er bekam eine Entschädigung zugesprochen. Eine Revision der BRD wurde nicht zugelassen.

Für Schäden, die von Luftfahrzeugen angerichtet werden (sogar für psychische Störungen bei Pferden durch zu tiefes Fliegen), hat man Anspruch auf Schadenersatz nach dem Luftverkehrsgesetz. Es kommt lediglich darauf an, daß durch den Betrieb des Flugzeugs/Hubschraubers Schaden angerichtet wurde.

§ 906 (Zuführung unwägbarer Stoffe)
(1) Der Eigentümer eines Grundstücks kann die Zuführung von Gasen, Dämpfen, Gerüchen, Rauch, Ruß, Wärme, Geräusch, Erschütterungen und ähnliche von einem anderen Grundstück ausgehende Einwirkungen insoweit nicht verbieten, als die Einwirkung die Benutzung seines Grundstücks nicht oder nur unwesentlich beeinträchtigt.

(2) Das gleich gilt insoweit, als eine wesentliche Beeinträchtigung durch eine ortsübliche Benutzung des anderen Grundstücks herbeigeführt wird und nicht durch Maßnahmen verhindert werden kann, die Benut-

zern dieser Art wirtschaftlich zumutbar sind. Hat der Eigentümer hiernach eine Einwirkung zu dulden, so kann er von dem Benutzer des anderen Grundstücks einen angemessenen Ausgleich in Geld verlangen, wenn die Einwirkung eine ortsübliche Benutzung seines Grundstücks oder dessen Ertrag über das zumutbare Maß hinaus beeinträchtigt.

(3) Die Zuführung durch eine besondere Leistung ist unzulässig.

»Datenbank«

Ordnungsamt
Wer über das Ordnungsamt Adressen ausfindig machen will, muß dies schriftlich tun. Die Gebühr beträgt zwischen vier und zehn Mark. Wer sich allerdings telefonisch als Amtskollege ausgibt, erhält oft die gewünschten Auskünfte. Letzteres ist natürlich nicht ganz korrekt.

Klageerzwingung bei Polizei und Staatsanwalt

Bei Delikten, bei denen von Amts wegen ermittelt und das Verfahren eingestellt wurde, kann der Geschädigte mit einer Beschwerde an den Generalstaatsanwalt ein »Klageerzwingungsverfahren« einleiten. Lehnt dieser ab, bleiben noch die Gericht. Bei geringfügigen Delikten allerdings nur die Dienstaufsichtsbeschwerde.

Polizei

Eine durch die Polizei im »Nachfahr-Verfahren« ermittelte Geschwindigkeit ist unter Berücksichtigung aller Fehlerquellen pauschal um 15 % zugunsten des Autofahrers zu mindern (OLG Hamm 1988).

Letzte Meldung:
Zur Zeit steht beim Bundesverfassungsgericht ein interessantes Verfahren zur Entscheidung an. Sollen Autofahrer, die bei Gelb über die Kreuzung fahren, lieber einen Auffahrunfall durch Vollbremsung verursachen, oder dürfen sie, falls es blitzt, zur Kasse gebeten werden?